政治学の
リサーチ・メソッド

GUIDE TO METHODS
FOR STUDENTS
OF POLITICAL SCIENCE
Stephen Van Evera

スティーヴン・ヴァン・エヴェラ

［訳］
野口和彦
渡辺紫乃

Guide To Methods for Students of
Political Science
by Stephen Van Evera
originally published by Cornell University Press
Copyright©1997 by Cornell University
This edition is a translation authorized by the original
publisher, via The English Agency (Japan) Ltd.

目　次

著者／訳者紹介　v

はじめに　1

第1章　仮説，法則，理論 ――――――――――――――――――― 7
　　　　――読者への道案内――

理論とは何か　7

具体的な説明とは何か　14

よい理論とは何か　16

理論はどのようにしてつくられるのか　21

理論を検証するにはどうすればよいのか　27

強力な検証か弱い検証か――予測と検証　30

理論を検証するのに役立つヒント　35

具体的な出来事はどうやって説明できるのか　41

方法論の神話　44

第2章　事例研究とは何か ―――――――――――――――――― 51
　　　　――何をどのように進めればよいのか――

事例研究の視点　52

事例研究を使った理論の検証　58

事例研究を使った理論の構築　70

事例研究からの先行条件の推論　73

事例研究を使った先行条件の検証　75

事例の説明　76

強力な検証か弱い検証か――予測と検証　77

矛盾する結果の解釈　78

事例選択の基準　79

第 3 章　政治学の博士論文とは何か ──────────── 91

第 4 章　政治学の博士論文を書くために役立つヒント ──── 99

　　　テーマの選択　99
　　　論文構成　101
　　　博士論文の研究計画書　101
　　　序　　章　102
　　　終　　章　106
　　　研究デザインとプレゼンテーション
　　　　──知識を蓄積するための規範の遵守　106
　　　執　　筆　109
　　　書　　式　111
　　　ほかの人に読んでもらうこと　112
　　　要　　旨　114
　　　博士論文委員とのつきあい方　114
　　　気力の維持，家族や友人とのつきあい方　115
　　　博士論文の書き方についてもっと知るためには　116

第 5 章　博士論文の研究計画書 ──────────────── 117

第 6 章　職 業 倫 理 ─────────────────────── 119

付　録　論文の書き方 ────────────────────── 125

　　　一般的なフォーマット　125
　　　序論のフォーマット　125
　　　結論のフォーマット　126
　　　論　　証　127
　　　執　　筆　128
　　　ほかの人に読んでもらうこと　130
　　　仕上げにあたっての一般的な助言　130
　　　論文の書き方についてもっと知るためには　130

目　次　　　　　　　　　　　　iii

訳者あとがき　131

訳者による文献ガイド　135

参 考 文 献　139

事 項 索 引　145

人 名 索 引　147

※　本文中の〔　〕は，カッコ内カッコの場合を除いて，訳者による補足である。

◆著者紹介

スティーヴン・ヴァン・エヴェラ（Stephen Van Evera）
ハーヴァード大学政治学部卒業。カリフォルニア大学バークレー校大学院政治学部博士課程修了，Ph. D. (政治学) 取得。
現在：マサチューセッツ工科大学政治学部教授。専攻は国際関係論，政治学方法論，国際安全保障，アメリカ外交。
主著：*Causes of War: Power and the Roots of Conflict*, (Cornell University Press, 1999)
Military Strategy and the Origins of the First World War, rev. and expanded ed., (co-edited, Princeton University Press, 1991)
Nuclear Diplomacy and Crisis Management: An International Security Reader, (co-edited, MIT Press, 1990) など。

◆訳者紹介

野口 和彦（のぐち　かずひこ）〔はじめに，第1・2章担当〕
青山学院大学国際政治経済学部卒業。早稲田大学大学院アジア太平洋研究科博士課程修了，博士（学術）取得。ブリティッシュ・コロンビア大学アジア研究所客員准教授，東海大学教養学部教授などを経て，
現在：群馬県立女子大学国際コミュニケーション学部教授。専攻は国際関係理論，安全保障研究，アジア太平洋の国際関係。
主著：『国際関係理論（第2版）』（共編著，勁草書房，2015年）
『パワー・シフトと戦争——東アジアの安全保障』（東海大学出版会，2010年）など。

渡辺 紫乃（わたなべ　しの）〔はじめに，第1・3・4・5・6章，付録担当〕
東京大学経済学部卒業。タフツ大学フレッチャー法律外交大学院修士課程修了。ヴァージニア大学大学院政治学部博士課程修了，Ph. D. (国際関係論) 取得。日本国際問題研究所研究員，埼玉大学教養学部准教授を経て，
現在：上智大学総合グローバル学部教授。専攻は国際関係論，東アジアの国際関係，中国の政治外交。
主著：『中国の対韓半島政策』（共著，御茶の水書房，2013年）
『中国の対外援助』（共著，日本経済評論社，2013年）
A Study of China's Foreign Aid: An Asian Perspective, (co-authored, Palgrave Macmillan, 2013) など。

はじめに

　本書は，何年ものあいだ，わたしが教えたり教えてもらったり，あるいは見たり聞いたりした方法論についての助言を抽出して，6つの論考にまとめたものである。これらの論考は，わたしが教室でもっとも時間を費やしたり廊下で同僚と議論したりした問題にとりくんでいる。これらの論考は大学院生の読者を念頭において書いたものであるが，大学院生以外にも役に立つところがあるだろう。これらの論考は，再三なされる助言をさらにくり返さないですむように，授業で配布するハウツーものの資料としてはじめは作成された。一度ならずくり返した助言は，(「段落はトピックセンテンスから書き始めよ！」といった) あたりまえのことであっても，わたしが覚えている限りすべて書いている。同時に，ほとんど教える必要がなかった初歩的な助言は省いている。

　したがって，本書は網羅的でも完成された書物でもない。わたしはあらゆる角度から方法論を論じつくす努力はしなかった (省略した主なものとしては，多数事例の方法に関する章である)[1]。6つの章は，すべて基礎的な手引きであ

---

[1] 多数事例の方法に関してはすでに多くのよい入門書があるので，これに関する章が本書になくても大きな欠陥にはならないだろう。そのいくつかは第1章の脚注32でとりあげている。合理的選択，批判理論，ポストモダン，構成主義に関する章も本書にはない。合理的選択について丁寧な議論を行っているものには，Jon Elster, ed., *Rational Choice* (Oxford: Basil Blackwell, 1986) および Jeffrey Friedman, ed., *The Rational Choice Controversy* (New Haven: Yale University Press, 1996) がある。批判的な議論としては，Donald P. Green and Ian Shapiro, *Pathologies of Rational Choice Theory: A Critique of Applications in Political Science* (New Haven: Yale University Press, 1994); Raymond E. Wolfinger, "The Rational Citizen Faces Election Day or What Rational Choice Theorists Don't Tell You about American Elections," in M. Kent Jennings and Thomas E. Mann, eds., *Elections at Home and Abroad* (Ann Arbor: University of Michigan Press, 1994), pp. 71-89 および Ashutosh Varshney, *Ethnic Conflict and Rational Choice: A Theoretical Engagement* (Cambridge: Center for International Affairs, Harvard University, Working Paper No. 95-11, 1995) がある。批判理論，ポストモダン，構成主義のアプローチについての概観としては，Egon G. Guba and Yvonna S. Lincoln, "Competing Paradigms in Quantitative Research," in Norman K. Denzin and Yvonna S. Lincoln, eds., *Handbook of Qualitative Research* (Thousand Oaks, Calf.: Sage, 1994), pp. 105-17; Thomas A. Schwandt, "Constructivist, Interpretivist Approaches to Human Inquiry," in Denzin

り，わたしの個人的な見解を述べたものである。方法論という学問分野のさまざまな見解を要約するつもりもなければ，最終的な答えを提供するつもりもない。わたしは，解決策を推奨するというより，各章で扱っている問題に対して学生が自分自身の答えを導き出すことを後押しするために，本書を執筆したのである。

本書で述べられている見解は，方法論の研究というより実践から生まれたものである。これらには学生，同僚，教師，編集者としてのわたしの経験が映し出されている。わたしは科学哲学や社会科学の方法に関する著作から大切なことをいくつか学んだが，これらの著作の多くは難解で役に立たないことがわかった。哲学者や方法論者によって生み出されたたくさんの不可解な教えから回答をほじくり出すより，自分自身の回答を考案した方が，たとえその回答が不可解な教えのどこかに存在したにせよ，てっとり早いことが多かった。

本書の内容はわたしの研究の分野（国際関係や安全保障の問題）を反映している。本書は国際関係論・安全保障という専門分野での強い関心事（たとえば事例研究の方法）に焦点をあてており，国際関係論での例が比較的多い。とはいっても，本書が政治学のほかの分野やほかの社会科学を学ぶ学生にとって役に立つものであることを願っている。読者には，これらの分野に偏ってしまったこと（このことは授業での配布資料をまとめたことに起因している）をまえもって断っておきたい。

第1章「仮説，法則，理論——読者への道案内」は，わたしがカリフォルニア大学デイヴィス校でずっとまえに行った，科学的推論に関する学部生用の授業で使った3ページの配布資料が元になっている。どのように理論を組み立て，評価し，適用するのかを説明した手引きが見当たらなかったので，わたしは自分の手引きを執筆した。この手引きはその後何年もかけて発展させ，わたし自身の素朴な実証主義者，あいまい主義に反対する者としての考えを反映するものになった。科学的方法のもっとも重要な原則は「自然科学」(ハード・サイエンス)と社会科学のあいだで異なるべきだという見方に，わたしは納得できない。科学は科学であ

---

and Lincoln, *Handbook*, pp. 118-37 および Joe L. Kincheloe and Peter L. McLaren, "Rethinking Critical Theory and Qualitative Research," in Denzin and Lincoln, *Handbook*, pp. 138-57 がある。

る。また，科学の基本規則は複雑に表されることが多いが，本当のところ数は少なく，平易な言葉で表され，簡単に要約できるとわたしは信じている。

　第1章のテーマである科学的推論の基本的ツールと規則は，方法論の教科書では省かれることが多い。社会科学の方法に関する多くの著作は，理論とは何か，よい理論とは何か，理論に含まれる要素は何か，理論はどのように表現されるべきか，理論を検証したり適用したりする際にどのような原則に従うべきか，といったことについて，読者がすでに知っていることを前提としている。この章では，ほかの教科書が省いている初歩的なポイントを強調している。

　第2章「事例研究とは何か——何をどのように進めればよいのか」は，簡単な事例研究を行うという宿題に添付する資料として書いた，大学院の授業での配布資料が元になっている。事例研究のやり方に関する簡単な手引きが見当たらなかったので，わたしが自分の手引きを執筆した。わたしが意図したことは，事例研究に接したことのない学生にとって出発点となるものであった。

　事例研究は，社会科学の方法のなかでみじめな立場におかれている。方法論の主流になっている文献は，多数事例（large-n）の方法に広い関心を向けている一方，事例研究（case-study）の方法は手を振って退けている。［アメリカの］政治学の大学院プログラムの多くは，多数事例の方法を唯一のテクニックとして教えている。「方法論」の授業では，多数事例の方法（もしくは多数事例と合理的選択）がすべてであるかのように扱われている。事例研究の方法はめったに教えられることはなく，方法論という授業でも教えられることはほとんどない（例外は，スティーヴン・ウォルトとジョン・ミアシャイマーがシカゴ大学で，スコット・セーガンがスタンフォード大学で，ピーター・リバーマンがチュレーン大学で，アンディ・ベネットがジョージタウン大学で，テッド・ホフがミシガン大学で，ジョン・オデルが南カリフォルニア大学で教えていた事例研究の授業である）。

　わたしは，多数事例と事例研究の方法を本質的に対等とみなしている。それぞれには長所と短所がある。あるときは一方が他方よりも強力な方法であるが，また別のときは他方が一方より強力である。したがって，いずれか1つだけが偏って注目される状況は正さなければならない。しかし，この偏りはある程度は事例研究を行う側のせいである。かれらは初心者のために，そのやり方を教

えるくわしい解説書を作成してこなかったからである。この方法を抽出した解説書がなければ，それが軽視されるのは当然である。わたしは第2章をそのような解説書への第一歩として書いたのである。

　第3章「政治学の博士論文とは何か」は，われわれは政治学の領域をあまりにもせまく限定しすぎることが多いという，わたしの見方を反映したものである。博士論文のテーマやフォーマットについては，もう少し広い領域で考えるべきである。より正確にいうと，政治学という専門分野の文化は，政策上の問題を解決したり歴史上の問題に答えたりするために理論を適用することや，先行研究を評価するといった種類の研究よりも，理論の構築と検証に偏っている。しかし，理論を構築することや検証することだけが政治学の仕事ではない。過去や現在の政策を評価したり，歴史上の問題を解決したりするために理論を適用することも価値のある作業である。みなが理論を構築したり検証したりして，だれとしてそれらを一度も使わないのであれば，こうした理論は何のためにあるのだろうか。問題を解決するために理論を適用することが一度もないのならば，理論を構築することは無意味である。また，ひとりですべて評価することができないくらい多くの文献がある以上，先行研究を評価する研究もますます価値あるものになってきている。

　さらに，理論を構築したり検証したりすることは，キャリアを積みはじめたばかりの研究者にとっては無理な注文になりかねない。壮大な理論を構築するには時間をかけて学ぶことが必要であり，理論を適用したり先行研究を評価したりすることは，初学者にとってよりとりくみやすい。理論の適用であれ先行研究の評価であれ，それらを行うには理論によく精通していることが求められるし，両方の研究とも，完全に失敗してしまうリスクがより少ないながら，理論に関する能力を示すことが十分に可能である。したがって，このジャンルの博士論文もれっきとした社会科学として認められるべきであり，壮大な理論を構築するという選択肢が非常に困難なものに見えるときは，その代替案として考慮されるべきである。

　第3章は，政治学の任務には歴史説明の仕事も含まれるべきであるというわたしの見方も反映している。この仕事は，歴史学者だけに任せるべきではない。歴史学者の多くは一般化すること，つまり一般理論の使用に深い疑いをもって

いる。それにもかかわらず，理論は歴史説明に不可欠である。多くの歴史学者は明示的な説明に反対しており，そのかわりに「事実に語らせること」を好む。多くの歴史学者は，政策や政策決定者を評価するような，価値判断を示す歴史を書くことを嫌う。政治学は，歴史学者の文化にあるこうした傾向のためにやり残された説明や価値判断を行うことによって，歴史学のすきまを埋めるべきである。

　第4章「政治学の博士論文を書くために役立つヒント」と第5章「博士論文の研究計画書」は，わたしが何年にもわたり学生や同僚に与えてきた技術的な助言や，ほかの人たちがわたしに与えてくれた助言を抽出したものである。プレゼンテーションについての質問や学問に携わるうえでの戦略や戦術についての広範な質問を重点的に取り扱っている一方，普通はより重視される研究デザインについての質問は軽く扱っている。これらの助言は，『国際安全保障（International Security）』誌を編集したわたしの経験や，この専門誌の読者や執筆者と交わした執筆やプレゼンテーションに関する数多くの議論もある程度反映している。

　第6章「職業倫理」は，ほかの章が扱っている狭義の方法論上の要点からは少し外れるが，われわれはコミュニティの構成員として，いかにいっしょに仕事をするべきなのかを問うことで，広義には方法論と関係している。この章は，社会科学は職業倫理について，何らかのきちんとした議論が必要であるというわたしの見方を反映している。社会科学は他人に対する説明責任がほとんど及ばないところで行われている。説明責任の弱い組織や職業では，本道から逸れないようにするための内部での倫理上の指針・指導原理を必要とする。そうでもしないと，厄介者になってしまう危険がある。社会科学もその例外ではない。

　わたしは，大学の教員たちが授業での配布資料として使えると考えるかもしれないと思い，付録「論文の書き方」を付け加えた。これは授業で書く論文（レポート）についての，大学の学部生への助言を抽出したものである。短い論文はどのようなものであるべきか。これらのポイントはわたしからの提案である。わたしは，授業で論文の課題を与えるときにはこの付録をいつも配布している。

　本書で議論した多くの問題についてわたしを啓発してくれたことに関して，

カリフォルニア大学バークレー校で政治学の方法論のコースを教え，これらの問題の多くについてよく議論したロバート・アーセナウ（Robert Arseneau）に感謝する。本書の各章やこれらの問題に関してコメントを寄せてくれた，スティーヴ・アンソレイブヒア（Steve Ansolabehere），ボブ・アート（Bob Art），アンディ・ベネット（Andy Bennett），トム・クリスチャンセン（Tom Christensen），アレックス・ジョージ（Alex George），チャーリー・グレイザー（Charlie Glaser），チェイム・カウフマン（Chaim Kaufmann），ピーター・リバーマン（Peter Liberman），ジョン・ミアシャイマー（John Mearsheimer），ビル・ローズ（Bill Rose），スコット・セーガン（Scott Sagan），ジャック・スナイダー（Jack Snyder），マーク・トラクテンバーグ（Marc Trachtenberg），スティーヴ・ウォルト（Steve Walt），サンディ・ウェイナー（Sandy Weiner），そしてデーヴィッド・ウッドラフ（David Woodruff）に感謝したい。また，何年もあいだ，わたしの研究にコメントを寄せてくれた多くの先生方や学生諸君，同僚諸氏にも感謝する。ここでわたしが述べていることの多くは，かつてかれらがわたしに与えてくれた助言を再利用したものである。

第1章

仮説，法則，理論
―― 読者への道案内 ――

■ 理論とは何か

　社会科学者による「理論」という用語の定義は謎めいていて多様である[1]。本書では，理論の真意をとらえ，省略されがちな要素までしっかりと説明していながらも，シンプルな枠組みとして，以下の定義を薦めたい。

　理論とは，「事象群の原因や結果を記述したり，説明したりする一般的論述」であり，因果関係を示す法則（以下，因果法則〔causal law〕）や仮説，説明，および先行条件から成り立っている。説明とは，因果法則あるいは仮説から成

---

[1] たいていは，理論は事象を説明するものと仮定されるだけで終わってしまう。説明の要素は詳述されない。たとえば，Brian Fay and J. Donald Moon, "What Would an Adequate Philosophy of Social Science Look Like?" in Michael Martin and Lee C. McIntyre, eds., *Readings in the Philosophy of Social Science* (Cambridge: MIT Press, 1994), p. 26 によると，社会理論（social theory）とは「広範な社会現象について体系的に統一された説明」のことである。同様に，Earl Babbie, *The Practice of Social Research*, 7th ed. (Belmont, Calif.: Wadsworth, 1995) p. 40（渡辺聰子監訳『社会調査法1――基礎と準備編』培風館，2003年，45頁）によれば，「理論は，生活の特定の局面について観察されたことを体系的に説明するものである」。本書の脚注9で引用されているケネス・ウォルツ（Kenneth Waltz）の定義も参照のこと。これらの定義はどれも説明の要素を明らかにしていない。
　説明に言及すらしていないのが，W. Phillips Shively, *The Craft of Political Research*, 3d ed. (Englewood Cliffs, N.J.: Prentice-Hall, 1990) である。すなわち，「理論とは，たとえば民主主義国家における政党制の発達といった，一連の同じような事柄をとりあげ，それらの別々の出来事を同じことがくり返されている例として扱うことができるような，共通パターンを見つける」(p. 2) ことである。

り立つものであり，独立変数と従属変数によって構成されている。理論に関しては，以下の14の定義が重要である。

法則（law）

2つの事象のあいだに観察される規則的な関係。法則には，決定的なものと蓋然的なものがある。前者は「もしAであるならばつねにBである」という一定の関係を表すのに対し，後者は「もしAであるならばXの確率でBが起こる」という蓋然的な関係をいう。自然科学では多くの決定的法則があるが，社会科学の場合，ほとんどは蓋然的法則である。

法則は，「AがBを引き起こす」という因果関係を示す場合と，「AとBはCによって引き起こされる。それゆえにAとBは相関関係にあるが，一方の変数が他方の変数の変化を引き起こすわけではない」というような因果関係ではない場合との2つがある[2]。われわれの最大の関心は，因果法則を追求することである。われわれは，因果関係を示していない可能性がある法則を排除する。そうすることで，それらの観察された法則が因果関係にあると判断できる[3]。

仮説（hypothesis）

2つの事象のあいだに存在すると推測される関係[4]。法則と同様に，仮説に

---

[2] 一般法則（generic laws）は（因果関係を表す場合もそうでない場合も）連結を示す言葉（「もしAであるならばBである」あるいは「Aが大きくなればなるほどBは大きくなる」または「Aが高ければ高いほどBは低くなる」など）で表すべきである。因果法則も因果関係を示す言葉（「AはBを引き起こす」）で表現することができる。

[3] 因果法則には4つの基本的な因果パターンを想定することができる。すなわち，直接的な因果関係（「AがBを引き起こす」），逆方向の因果関係（「BがAを引き起こす」），相互的な因果関係（「AはBを引き起こし，BはAを引き起こす」）および自己破壊的な因果関係（「AはBを引き起こすが，BはAを減少させる」）である。以下に論じるが，仮説にも同じ形式を想定することができる。特定の因果関係（「AがBを引き起こす」）を明らかにするためには，AとBのあいだに観察された関係が見せかけであること（「CがAとBを引き起こす」）あるいは逆方向の因果関係（「BがAを引き起こす」）である可能性を排除しなくてはならない。また，相互的な因果関係か自己破壊的な因果関係かどうかも調べるとよい。

[4] これはP. McC. Miller and M. J. Wilson, *A Dictionary of Social Science Methods* (New York: John Wiley, 1983), p. 58の「（仮説とは）2つかそれ以上の概念のあいだの関係についての推測である」に従うものである。カール・ヘンペル（Carl Hempel）は「仮説」をより広い意味で使っており，関係だけではなく事実についての推測も含めている。したがってヘンペルによれば，記述的推測（たとえばエンパイアステートビルの高さや国債残高の推定）も仮説である。Carl G.

も 2 つのタイプがある。因果関係を示すもの（「A が B を引き起こすと推測する」）と，因果関係を示さないもの（「A と B は C によって引き起こされると推測する。それゆえに A と B は相関関係にあるが，一方の変数が他方の変数の変化を引き起こすわけではない」）である。

理論（theory）
因果法則（「A が B を引き起こすことを確認した」）あるいは因果関係を示す仮説（以下，因果仮説〔causal hypothesis〕）（「A が B を引き起こすと推測する」）であり，どのように A が B を引き起こすかを明らかにする因果法則や因果仮説の説明をともなうもの。ただし「一般理論（general theory）」という用語は，より包括的な理論を示す場合に用いられることが多い。しかし，あらゆる理論はその定義が示すように，多かれ少なかれ一般的なものである。

説明（explanation）
原因と引き起こされた事象を結びつける因果法則や因果仮説であり，どのように因果関係が発生するかを示すもの（「A が B を引き起こす。なぜならば A が q を引き起こし，それが r を生じさせ，さらに r が B を引き起こすからである」）。

先行条件（antecedent condition）[5]
その存在が，因果法則や仮説の作用を活性化したり強化したりする事象。先行条件がなければ，因果関係の作用は弱くなる（「もし C がなくても，A は B をいくらか引き起こすものの，もし C が存在するならば，B をより多く

Hempel, *Philosophy of Natural Science*（Englewood Cliffs, N. J.: Prentice-Hall, 1966），p. 19（黒崎宏訳『自然科学の哲学』培風館，1967 年，29 頁）を参照のこと。本書では，「命題（propositions）」という用語はヘンペルのいう「仮説」のことを指す。したがって，わたしの定義では命題は仮説でも記述的推測でもありうる。Babbie, *Practice of Social Research*（渡辺監訳『社会調査法 1』）も「仮説」を広い意味で使っている（p. 49，邦訳 46 頁を参照）。かれは「仮説」に，仮説から推測された予測（わたしが理論の「予測（predictions）」，「観察可能な示唆」あるいは「検証から得られる示唆」と呼ぶもの）を含めている。

[5] この用語は Carl G. Hempel, *Aspects of Scientific Explanation and Other Essays in the Philosophy of Science*（New York: Free Press, 1965），pp. 246-47 などに由来する。「先行」という用語は，単にこの条件が因果プロセスに先行して存在することで因果プロセスの働きを活性化あるいは拡大することを意味する。先行条件は独立変数が登場するまえに存在する必要はない。独立変数が高い値を示したあとに先行条件が現れて，独立変数の作用を活性化あるいは拡大する可能性もある。

引き起こす」ということであり，たとえば「日光は植物を成長させるが，肥沃な土地でのみ植物はより大きく成長する」），あるいは因果関係がまったく作用しない（「もしCが存在するならば，AはBを引き起こすが，もしCが存在しなければ，AはBを引き起こさない」。例としては，「日光は植物を成長させるが，それはある程度の降雨がある場合のみである」）。

先行条件は，因果法則もしくは仮説として言い換えることもできる（「もしAが存在するならば，CはBを引き起こすが，もしそうでない場合は，CはBを引き起こさない」。たとえば，「降雨が植物を成長させるが，そうなるのはある程度日光を浴びた場合のみである」）。

先行条件は，「相互作用点（interaction term）」，「初期条件（initial condition）」，「実現条件（enabling condition）」，「触媒条件（catalytic condition）」，「前提条件（precondition）」，「活性化条件（activating condition）」，「拡大条件（magnifying condition）」，「仮定（assumption）」，「仮定条件（assumed condition）」，あるいは「補助仮定（auxiliary assumption）」とも呼ばれる。

変数（variable）

さまざまな値をとりうる概念。例としては，ある国における「民主主義の程度」や二大政党への得票のうち1つの政党が占める割合などがある。

独立変数（independent variable: IV）

因果関係を示す理論（以下，因果理論〔causal theory〕）や仮説において原因となる事象（以下，原因事象）を表す変数のこと。「識字が民主主義を引き起こす」という仮説においては，識字が独立変数にあたる。

従属変数（dependent variable: DV）

因果理論や仮説において，独立変数によって引き起こされる結果の事象を示す変数のこと。「識字が民主主義を引き起こす」という仮説では，民主主義が従属変数である。

媒介変数（intervening variable: IntV）

因果理論の説明に含まれている媒介する事象（以下，媒介事象）を表す変数のこと。媒介事象は独立変数によって引き起こされ，従属変数を引き起こす[6]。「日光が光合成を引き起こし，植物を成長させる」という理論では，光合成が媒介変数である。

条件変数（condition variable: CV）[7]
　先行条件を表す変数。条件変数の値は，独立変数や媒介変数が従属変数やほかの媒介変数に及ぼす影響の大きさを決定する。たとえば「日光は植物を成長させるが，それはある程度の降雨がある場合のみである」という仮説では，降水量が条件変数である。

研究変数（study variable: SV）
　研究の対象として，われわれが明らかにしようとする原因や結果を表す変数のこと。研究プロジェクトにおいては，独立変数，従属変数，媒介変数，あるいは条件変数が研究変数になりうる。

主要仮説（prime hypothesis）
　理論における独立変数と従属変数の関係を表す全体の仮説。

説明仮説（explanatory hypothesis）
　理論の説明部分を構成する中間的な仮説[8]。

検証仮説（test hypothesis）
　検証しようとしている仮説。別名で「調査仮説（research hypothesis）」ともいわれる。

　ここで注意してほしいのは，理論とは，因果法則や仮説のつながりの集合にすぎないということである[9]。以下のように，理論は必ず「アローダイヤグラ

---

[6] ある特定の変数が従属変数，独立変数，あるいは媒介変数のどれにあたるのかは，以下の論述におけるAのように，文脈によって決定されたり変わったりする。(1)「AがBを引き起こす」という場合，Aは独立変数である。(2)「QがAを引き起こす」という場合，Aは従属変数になる。そして，(3)「QがAを引き起こし，AがBを引き起こす」という場合，Aは媒介変数になる。

[7] 条件変数は「抑制（suppressor）」変数としても知られており，こうした変数の値を制御することにより独立変数と従属変数のあいだの不規則な変化を抑制するという意味がある。Miller and Wilson, *Dictionary of Social Science Methods*, p. 110を参照のこと。

[8] 上記の最後の4つの用語，すなわち「条件変数」，「研究変数」，「主要仮説」，「説明仮説」は，従来の専門用語では表せない概念を表すための筆者自身による造語である。

[9] 別の見方としては，Kenneth N. Waltz, *Theory of International Politics* (Reading, Mass.: Addison-Wesley, 1979), pp. 2, 5を参照のこと。ウォルツによると，理論とは「単なる法則の集合」ではなく，「それらの法則を説明する論述」(p. 5) である。これらの論述は「理論的考え」を含み，概念や仮定の形式をとる。わたしの定義の方がウォルツのものより好ましいと考える理由は，納得のいく社会科学の法則の説明は，すべて法則や仮説に還元できるからである。ウォルツによる「説明」の定義も，説明の主要な要素を明らかにしていないため正確さに欠ける。

ム（矢印の図式）」で表すことができる。

$$A \to q \to r \to B$$

上記のダイヤグラムでは，A がこの理論の独立変数であり，B が従属変数である。q と r という文字は媒介変数を意味しており，この理論の説明となるものである。「$A \to B$」という命題がこの理論の主要仮説であり，「$A \to q$」や「$q \to r$」あるいは「$r \to B$」という命題が説明仮説である。

かけ算記号の「×」を使うことで，上記のダイヤグラムに条件変数を付け加えることもできる[10]。ここで C は条件変数を表すとすると，A の q に対する影響は C が高い値になると強くなり，C が低い値になると弱くなる。

$$\begin{array}{c} A \to q \to r \to B \\ \times \\ C \end{array}$$

例としては，

$$\begin{array}{c} 日光の量 \to 光合成の程度 \to 植物の成長度 \\ \times \\ 降水量 \end{array}$$

理論の3つめの意味として，わたしの定義より限定的なものでは，Christopher H. Achen and Duncan Sindal, "Rational Deterrence Theory and Comparative Case Studies," *World Politics* 41 (January 1989): 147 を参照のこと。ここでは，理論は「きわめて一般的な命題の集合のことであり，そこから『法則』といった，ほかのものが派生する」としている。この定義には，わたしが理論と呼んでいる一般的な考えが若干欠けている。

わたしの「理論」の使い方により近いものはカール・ヘンペルの「理論とは……体系的に関連づけられた仮説の集合である」という定義である。Carl G. Hempel, "The Function of General Laws in History," in Martin and McIntyre, *Readings in the Philosophy of Social Science*, p. 49. 同様に，Miller and Wilson, *Dictionary of Social Science Methods* によれば，「（理論とは）特定の出来事の集合を説明するためにつくられた一連の統合された仮説（である）」(p. 112)。同じようなものとして，Gary King, Robert O. Keohane, and Sidney Verba, *Designing Social Inquiry: Scientific Inference in Qualitative Research* (Princeton: Princeton University Press, 1994), p. 99（真渕勝監訳『社会科学のリサーチ・デザイン——定性的研究における科学的推論』勁草書房，2004年，118頁）によると，「因果的理論とは，あるひとつの現象，あるいは一連の現象が起きる原因を知るために設計されたもの」であり，「相互に関連した因果的仮説を含んでいる。そして，それぞれの仮説は変数間の関係を特定する」という定義がある。

理論の説明はいくらでもくわしく書き表すことができる。ここでは，r と B のつながりを s と t という説明変数を使って示してみる。

$$A \rightarrow q \rightarrow r \rightarrow s \rightarrow t \rightarrow B$$
$$\times$$
$$C$$

遠因を明確にすることで，説明に広がりをもたせることもできる。ここで A の遠因として Y と Z を列挙すると，以下のようになる。

$$Y \rightarrow Z \rightarrow A \rightarrow q \rightarrow r \rightarrow s \rightarrow t \rightarrow B$$
$$\times$$
$$C$$

条件変数の原因を詳述することもできる。以下では，C の原因を〔X として〕加えてみる。

$$Y \rightarrow Z \rightarrow A \rightarrow q \rightarrow r \rightarrow s \rightarrow t \rightarrow B$$
$$\times$$
$$X \rightarrow C$$

〔理論を示すダイヤグラムに〕組み入れられる先行条件の数に限りはない。もう少し多くの条件（D, u, v）を具体的に列挙してみると，以下のようになる。

$$Y \rightarrow Z \rightarrow A \rightarrow q \rightarrow r \rightarrow s \rightarrow t \rightarrow B$$
$$\times \qquad\qquad\qquad \times$$
$$X \rightarrow C \qquad\qquad\quad u$$
$$\times \qquad\qquad\qquad \times$$
$$D \qquad\qquad\qquad v$$

原因となる事象を表す変数（以下，原因変数）と引き起こされる事象を表す変数（以下，結果変数）のあいだに，もっと多くの因果経路をつけ足すこともで

10　この場合のかけ算記号は，条件変数が独立変数の影響を単に増大させることを示しており，条件変数が独立変数の影響を文字通り乗法的に増加させるという意味ではない（そういう場合もあるだろうが）。

きる。たとえば，A と B のあいだに因果関係を表す連鎖経路を2つ追加してみると，以下のような3つの連鎖経路をもつ理論になる。

$$
\begin{array}{c}
\to\to\to\to\to\to\to f \to \\
Y\to Z\to A\to\to\to\to\to\to\to g\to B \\
\to q\to r\to s\to t\to \\
\times \qquad\qquad \times \\
 X\to C \qquad\quad u \\
\times \qquad\qquad \times \\
D \qquad\qquad v
\end{array}
$$

「理論」をアローダイヤグラムで表すことができなければ，それは理論ではな
・
いので，理論になるように組み立てなおす必要がある（この基準からすると，政治学のほとんどの「理論」や「理論的」著述は理論ではない）。

■ 具体的な説明とは何か

　具体的な出来事（特定の戦争，革命，選挙結果，経済不況など）を説明するために理論が使われ，またそれは理論のように組み立てられる。よい説明というものは，具体的にどのような原因がどのような事象を引き起こすのかを示すものであり，その具体的な原因がどの一般的事象の例であるのかを明らかにするものである。以下の3つの概念が重要である。

具体的な説明（specific explanation）
　ある固有の出来事を解明するために具体的な用語を使って説明すること。理論と同様に，原因と結果を記述したり説明したりするが，これらの原因や結果は〔1つの事例を物語る〕特定化したかたちで表される（たとえば「拡張主義が侵略を引き起こし，戦争を引き起こす」というのは理論であり，「ドイツの拡張主義がドイツの侵略を引き起こし，第二次世界大戦を引き起こした」というのは具体的な説明である。具体的な説明は（「一般的な説明（general explanation）」に対して）「特定の説明（particular explanation）」

ともよばれる。

具体的な説明には，以下の2種類がある。1つめのものよりも，2つめのもの（「一般化された具体的な説明」）の方がより役に立つ。

一般化されていない具体的な説明
　原因として作用しているものがどのような理論の例であるのかをつきとめない具体的な説明のこと（「ドイツが第二次世界大戦を引き起こした」という説明では，「ドイツは何の例であるのか」という問いに答えていない）[11]。

一般化された具体的な説明
　具体的な説明のうち，その説明の背後にある理論を明らかにしたもの（「ドイツの拡張主義が第二次世界大戦を引き起こした」という場合，原因として作用するもの，すなわち「ドイツの拡張主義」は拡張主義の1つの例であり，「拡張主義は戦争を引き起こす」という仮説では拡張主義が独立変数となる）[12]。

具体的な説明は，原因事象，結果事象，媒介事象，そして先行事象から構成される[13]。

原因事象（causal phenomenon: CP）
　結果を引き起こす原因を表す事象のこと。

---

[11] しかしながら，カール・ヘンペルが説明したように，そのような説明も暗黙の理論に依拠している。Hempel, "Function of General Laws in History" を参照のこと。
[12] したがって，明らかにされた理論は議論もしくは説明の「確証（warrant）」と呼ばれることがある。Wayne C. Booth, Gregory G. Colomb, and Joseph M. Williams, *The Craft of Research* (Chicago: University of Chicago Press, 1995), pp. 90-92, 111-31 を参照のこと。「議論の確証とはその一般的な原則のことであり，主張とそれを支える証拠の橋渡しをする仮定や前提のことである」(ibid., p. 90)。
[13] 具体的な説明は，変数の具体的な値を表す個々の事象から成り立つものであり，変数自体のことではない。その意味では，これらは「変数」ではなく「事象」である。具体的な説明の評価については，本章の「具体的な出来事はどうやって説明できるのか」の節を参照のこと。

結果事象（caused phenomenon: OP）
　引き起こされた結果を表す事象のこと。
媒介事象（intervening phenomena: IP）
　具体的な説明において，説明部分を構成する事象のこと。媒介事象は，原因事象により引き起こされ，結果となる事象を引き起こす。
先行事象（antecedent phenomena: AP）
　その存在が，原因事象と説明事象（explanatory phenomena）の両方の因果作用，もしくはどちらかの因果作用を活性化したり強化したりする事象のこと[14]。

具体的な説明も理論と同様に，「アローダイヤグラム」で表すことができる。

理論
　　拡張主義 → 侵略 → 戦争
一般化された具体的な説明
　　ドイツの拡張主義 → ドイツの侵略 → 第二次世界大戦
一般化されていない具体的な説明
　　ドイツ → 1939年9月1日の戦闘行為の発生 → 第二次世界大戦

■ よい理論とは何か

以下の7つの主要な属性が理論の質を決める。

1. よい理論とは，事象を説明する能力（以下，説明能力）が高いものである。

---

[14] 上記の7つの用語，すなわち「具体的な説明」，「一般化されていない具体的な説明」，「一般化された具体的な説明」，「原因事象」，「結果事象」，「媒介事象」，「先行事象」は，これらの概念のためにわたしが提案した見出し語である。「結果事象」のかわりに「説明される現象（explanandum phenomenon）」，一般的な説明とその構成要素（原因事象，媒介事象，そして先行事象）のかわりに「説明するもの（explanans）」が使われることがある。たとえば，Hempel, *Philosophy of Natural Science*, p. 50（黒崎訳『自然科学の哲学』81頁）を参照のこと（ヘンペルの使い方では，一般化された具体的な説明だけが説明を構成するものであり，一般化されていない具体的な説明はそうではない）。

よい理論の独立変数は，広範な条件下で多様な事象に大きな影響を及ぼす。説明能力は以下の3つの性質によって決まる。

重要性　独立変数の値の変化が引き起こす従属変数の値の変化は大きいのか，それとも小さいのか[15]。重要な理論は大きな影響をもたらす原因，すなわち従属変数に大きな変化を引き起こす原因を指摘するものである。独立変数の値の変化によって引き起こされる従属変数の変化が大きければ大きいほど，理論の説明能力は高くなる。

説明範囲　理論の独立変数の値が変化すると，どれくらい多くの事象群に影響を与えるのか，つまり，それらをどれくらい説明できるのか。影響を受けた事象の範囲が広ければ広いほど，その理論の説明能力は高くなる。ほとんどの社会科学理論は説明範囲が狭いが，なかには広範にわたる領域を説明する珠玉の理論も存在する[16]。

---

[15] 理論の重要性は，「理論的」もしくは「分散」の尺度で測ることができる。理論の重要性を理論的に測る際に問われるのは，独立変数の値が1単位変化すると従属変数の値が何単位変化するのか（テレビのコマーシャルに選挙キャンペーンの資金を追加支出することで，候補者はどれだけの票を上乗せして獲得できるのか）である。分散を測る際に問われるのは，ある特定のデータセットにおいて，従属変数の変化全体のなかでどの程度の割合までが独立変数の変化によって引き起こされるのかである（下院議員の候補者たちの得票差のうち，何パーセントがテレビ広告に費やした支出額の違いによって説明できるのか）。わたしは「重要性」を前者の意味，すなわち理論的な重要性という意味で使っている。Christopher H. Achen, *Interpreting and Using Regression* (Beverly Hills: Sage, 1982), pp. 68-77 を参照のこと。

[16] カール・ドイッチュは，わたしが説明範囲とよぶものに似た属性を表すのに「結合の豊かさ」や「組織化力」という表現を使っている。「結合の豊かさ」とは，「モデルが生みだすことのできる結合やパターンの範囲」であり，「組織化力」とは，当初説明するために使われた現象とは別の現象にその理論やモデルがどの程度対応できるかを示す。Karl Deutsch, *The Nerves of Government* (New York: Free Press, 1966), pp. 16-18（伊藤重行・佐藤敬三・高山巌・谷藤悦史・藪野祐三訳『サイバネティクスの政治理論［新装版］』早稲田大学出版部，2002年，39頁）を参照のこと。広い説明範囲をもつ社会科学理論の例としては，マンサー・オルソン（Mancur Olson）の公共財の理論，ロバート・ジャーヴィス（Robert Jervis）の戦争と軍拡についての攻撃・防御理論，スタニスラヴ・アンジェイエフスキー（Stanislav Andreski）の「軍事参与率」（military-participation ration: MPR）による社会的階層化（社会構造に与える影響）の説明，そしてスティーヴン・ウォルト（Stephen Walt）の同盟の脅威均衡理論がある。Mancur Olson, *The Logic of Collective Action* (Cambridge: Harvard University Press, 1971)（依田博・森脇俊雅訳『集合行為論——公共財と集団理論［新装版］』ミネルヴァ書房，1996年），Robert Jervis, "Cooperation under the Security Dilemma," *World Politics* 30 (January 1978): 167-214, Stanislav Andreski, *Military Organization and Society* (Berkeley: University of California Press, 1971), pp. 20-74（坂井達朗訳『軍事組織と社会』新曜社，2004年，28-98頁），Stephen M. Walt, *The Origins of Alliances* (Ithaca: Cornell University Press, 1987), pp. 17-33 を参照のこと。

適用可能性 理論が提示する原因は，どれほど実世界にあてはまるのだろうか。理論の作用を活性化する先行条件は，どの程度ありふれたものなのか。理論の原因や条件がより普遍的であればあるほど，理論の説明能力は高くなる[17]。過去においてこれらの原因や条件がどれだけ普及していたかで，理論が歴史を説明する能力が，また，現在と将来においてこうした原因や条件がどれだけ普及するかで，理論が現在や将来の出来事を説明する能力が決まる。

2. よい理論は，単純化することによって物事を明らかにする。したがってよい理論は簡潔（parsimonious）である。よい理論は，結果を説明するために，わかりやすく整理されたごく少数の変数を使用する。

 しかし，簡潔性を追求すると，説明能力をある程度犠牲にしてしまうことが多い。その犠牲があまりにも大きいのであれば，簡潔性を追及する価値はない。現実の世界を説明するために必要であれば，ある程度の複雑さは大目に見ることができる。

3. よい理論とは「満足できる」もの，すなわち，われわれの好奇心を満たしてくれるものである。理論の提唱する原因が何によって引き起こされるのか，疑問の余地が残るとすれば，その理論は満足のいくものではない。こうしたことが起きるのは，理論がおなじみの原因を指摘しながら，そのおなじみの原因の原因が何であるのかを明らかにしていない場合である。ある政治家はかつて落選の理由を「わたしは十分な票をとれなかった」と説明した。これは事実ではあるが満足のいくものではない。やはりわれわれが知りたいのは，

---

[17] たとえ強力な結果を引き起こす原因であっても，こうした原因が現実の世界ではまれにしか存在しないか，その原因が働くためにはまれにしか存在しない先行条件を必要とする場合，その原因は説明能力を持つことはほとんどない。逆に，より弱い結果を引き起こす原因であっても，その原因と先行条件が普遍的である場合，より大きな説明能力を持つことがある。たとえば，ホオジロザメに襲われることは致命的であるが，現実の世界ではまれにしか起こらないため，死因の説明にはほとんどならない。その原因は強力であるがまれにしか起こらないため，ほとんど説明にはならない。日焼けはそれほど致命的でないが，より普遍的であるため，（皮膚癌による）より多くの死を説明する。同じように，スキューバダイビングは，空腹のホオジロザメが近くにいた場合にはしばしば致命的な行為になるが，ダイバーはサメが生息する水域を避けるのでスキューバダイビングはほとんど死因にならない。正しい条件下（近くの空腹のサメ）においてその原因は強力であるが，こうした条件はまれにしか存在しないため，死の理由を説明することはほとんどない。日焼けは有害な結果を引き起こすが，まれにしか存在しない条件を必要とするわけではないので，より多くの死を説明する。

その候補者がなぜ十分な票を得られなかったのか，ということである。

　理論によって提唱された原因が結果から遠く離れたものであればあるほど，その理論はより満足できるものになる。たとえば，「干ばつが飢饉（ききん）を引き起こす」という理論は，「海面温度の変化が大気中の気流のパターンを変え，大雨が降る地域を変え，干ばつを引き起こし，飢饉を引き起こす」という理論よりも満足度は低い。

4. **よい理論は，明確に組み立てられたものである。** そうでなければ，理論から予測を立てたり，理論を検証したり，あるいは理論を具体的な状況にあてはめることはできない。

　明確に組み立てられた理論は，理論家が明確に定義した**概念**から変数を形成している。

　明確に組み立てられた理論には，その理論の説明の**概略**が含まれており，どのようにして A が B を引き起こすのかについて疑問の余地を残さない。たとえば，「海洋温度の変化が飢饉を引き起こす」という説明は，「海洋温度の変化が大気中の気流のパターンを変え，大雨が降る地域を変え，干ばつを引き起こし，飢饉を引き起こす」という説明に比べると不完全である。

　明確に組み立てられた理論には，その理論の作用を可能にしたり，その影響の大きさを左右したりする先行条件は何であるかについての論述が含まれている。先行条件がはっきりしていないと，その理論がどの事例に適用できるのかわからないため，有用な政策提言ができない。

　外交政策の大失敗がよく起こるのは，政策決定者が妥当な理論を不適切な状況にあてはめるからである。たとえば，「他国を宥和してしまうと，かえって他国を攻撃的にしてしまい，戦争を引き起こす」という仮説を考えてみよう。これは，1938年から39年にかけてのドイツにあてはまることだが，その反対が正しいときもある。すなわち，他国に対し強硬姿勢をとることで，かえって他国を攻撃的にしてしまい，戦争を引き起こすこともある。したがって，政策が裏目に出ることを避けるためには，強硬な態度が他国を攻撃的にするのか否かを決定する先行条件がどのようなものであるかについて，政策決定者は理解していなくてはならない。同じような問題はあらゆる政策決定の領域で生じるため，先行条件を明確にすることがいかに重要であるかが

わかる。

5. よい理論は，原則として反証可能である。どのようなデータがあれば理論の誤りを立証できるかが明確なのである（もっとも，そのようなデータがすぐに入手可能であるとは限らないが）[18]。

明確に組み立てられていない理論は，反証可能でないだろう。なぜならば，理論があいまいであるために，研究者は予測を立てられないからである。

観察された出来事がすべて理論の予測として成立してしまう理論も反証不可能である。すべての証拠が理論と一致してしまうために，このような理論を経験的な検証によって確証したり反証したりすることができない。事象を証明する宗教理論はこのタイプである。たとえば，幸福な結果は神のおぼし召しであり，大惨事は神による罰であり，無慈悲な仕打ちは神によるわれわれの信仰の試金石であって，これらの範疇に含まれない結果はすべて神の啓示による超自然的真理である。マルクス主義の議論のなかには，こうした予測万能の性質をもつものがある[19]。

6. よい理論は，重要な事象を説明するものである。よい理論はより広く世界の関心事になっている問題に答えるか，もしくは，ほかの人がそうした問題に答えを出すのに役立つものである。だれもきいていない問題に答える理論は，たとえきちんと答えていても，あまり役に立たない（社会科学における理論構築の大半は現実の世界との関連性がほとんどないために，この6番目の項目の要件を満たさない）。

7. よい理論は〔現実の政策への〕処方に富むものであり，有用な政策提言を生み出す。

理論は，操作可能な原因を指し示すことにより，処方に富んだものになる。原因が操作可能であるということは，人間の行為によってそれを制御できる

---

[18] 理論のこの要件についての議論は Hempel, *Philosophy of Natural Science*, pp. 30-32（黒崎訳『自然科学の哲学』47-51頁）を参照のこと。

[19] ほかの例としては，King, Keohane, and Verba, *Designing Social Inquiry*, p. 113（真渕訳『社会科学のリサーチ・デザイン』137頁）のタルコット・パーソンズ（Talcott Parsons）の「行為論」とデーヴィッド・イーストン（David Easton）の「システム理論」を参照のこと。イーストンに関しては，Harry Eckstein, "Case Study and Theory in Political Science," in Fred I. Greenstein and Nelson W. Polsby, eds., *Handbook of Political Science*, vol. 7, *Strategies of Inquiry* (Reading, Mass.: Addison-Wesley, 1975), p. 90 を参照のこと。

ためである。したがって，「資本主義が帝国主義を引き起こし，帝国主義が戦争を引き起こす」という理論は「攻撃的な軍事態勢やドクトリンが戦争を引き起こす」という理論に比べると，たとえ両方の理論に同じくらいの妥当性があったとしても，前者の方はあまり役に立たない。国民経済の構造は国家の軍事態勢やドクトリンに比べて操作がむずかしいからである。「学校で国粋主義者の歴史を教えることは戦争を引き起こす」という理論の方がより有用であるのは，国家の教育の内容は国家の軍事政策よりも簡単に調整できるからである。

　理論は，時宜を得た対応措置をとることによって回避もしくは緩和することのできる危険を明らかにすることで，処方に富んだものとなる。たとえば，ハリケーンの原因を説明する理論はハリケーンを防ぐ手立ては提供しないが，ハリケーンに襲われる危険のある地域の人びとに，家財の安全を確保したり避難したりするよう，気象予報士が警告を出すことには役立つ。

　(4番目の項目にあるように) 理論は，その理論が作用するために必要な先行条件を明らかにすることで，現実の政策への処方に富むものとなる。これらの条件が具体的であればあるほど，理論が適用できないような状況に誤って理論の処方を適用してしまうことを避けられるようになる。

■ 理論はどのようにしてつくられるのか

理論をつくるためのレシピとして一般的に認められているものはない[20]。研究者のなかには，演繹法を使い，より一般的ですでに確立された因果法則から

---

[20] レシピの作成は不可能であると主張しているのが，Hempel, *Philosophy of Natural Science*, pp. 10-18 (黒崎訳『自然科学の哲学』14-27頁) である。Milton Friedman, *Essays in Positive Economics* (Chicago: University of Chicago Press, 1953) (佐藤隆三・長谷川啓介訳『実証的経済学の方法と展開』富士書房，1977年) も参照のこと。同書によると，仮説の構築は，「霊感，直感，発明のような創造的な事業なのである……その過程は，心理学的な範疇において議論されるべきことであって，論理学の範疇で議論されるべきことではなく，自伝や伝記で研究されるべきことであって，科学的方法に関する論文で研究されるべきことではない。またそれは，行動原理や事例によって促進されるべきことであって，三段論法もしくは定理によって助長されることではないのである」(p. 43, 邦訳44頁)。理論構築のテーマについては，Shively, *Craft of Political Research*, pp. 163-66 も参照のこと。同書でシヴェリー (Shively) は，帰納法，演繹法，および他分野からの理論の借用によって理論を構築する可能性に言及している。

説明を導き出す者もいる。たとえば，経済理論の大半は，人間は自己の経済効用の最大化を図るという前提から演繹される。別の研究者たちは帰納的に理論を構築する。この場合，諸事象間の関係性を追究し，発見された関係が因果関係を示すものであるかどうかを検討したうえで，「この具体的な原因・結果のプロセスは，どのような一般的な因果法則の例であるのか」を問うのである。たとえば，安全な国境を確保するための小競り合いがアラブ・イスラエル戦争を引き起こすことに一役買ったことを観察した理論家は，安全保障をめぐる競争が戦争を引き起こすという理論を提唱するかもしれない[21]。

ここでは理論構築に役立つ9つのポイントを指摘しておきたい（最初の8つは帰納法に関するものであり，最後の9つめは演繹法についてのものである）。

1. 「特異（outlier）」事例，つまり，既存の理論ではうまく説明できない事例を考察してみるとよい[22]。それらの事例は，まだ知られていない原因で説明できるはずである。こうした事例を調査することによって，まだわかっていない原因が明らかになるか試してみることである。

すなわち，新しい理論を構築するためには，われわれが説明しようとする事象をたくさん含んでいるが，すでに知られている原因がほとんどないか，もしくはまったく存在しないような事例を選ぶのである。このような事例では，いまだ知られていない原因が働いているに違いないのである。これらの知られていない原因が存在すること自体，その事例には異常な性質があることを表しており，これらの知られていない原因はその事例内の従属変数と関連する事象であることを物語っている。このような事象は原因の候補とみなされる[23]。また，その事例を体験した人，あるいはよく知っている人の見方

21　理論家はここから演繹法にもどることで，より先に進むことができる。たとえば，戦場における攻撃の有利といった，安全保障のための競争を激しくする条件も戦争の原因であると演繹する。

22　そのような事例は，従属変数と既知の原因の関係を表す回帰曲線からもっとも遠くにあるため「特異事例」と呼ばれている。特異事例を探す別の方法としては「逸脱事例の分析（deviant-case analysis）」がある。Arend Lijphart, "Comparative Politics and the Comparative Method," *American Political Science Review* 65 (September 1971): 692を参照のこと。

23　たとえば，インドは国民の識字率が低い民主国家である。識字は民主主義の立証された原因であり，したがって，インドは民主主義の程度（従属変数）と識字率（独立変数）の関係を表す回帰曲線から遠く離れた「特異」事例である。インドの事例を探究することで，識字とは無関係に作用す

を選別し，かれらの説明を原因の候補にすることもある。

　理論の先行条件（CV）が何であるかを推測するためには，従属変数を引き起こす原因がたくさんあるにもかかわらず，従属変数がほとんど存在しないか，もしくはまったくない事例を選ぶことである。つまりこの事例は，いまだに知られていない先行条件が存在しないために，従属変数が引き起こされていないことを示している。このような事例でどの先行条件が欠けているかを研究することで，いまだに知られていない先行条件が見つかるかもしれない。

2.（ジョン・スチュアート・ミル〔John Stuart Mill〕によって提唱された）「差異法（method of difference）」と「一致法（method of agreement）」は，帰納法を用いた理論構築に役立つ場合がある[24]。差異法では，分析者は，事例の全体的な特徴が似ているにもかかわらず研究変数（つまり，われわれがその原因もしくは結果を探している変数）の値が異なっている事例を相互に比較し，それらの事例のあいだにあるはずの別の差異を探し求める。そして，これらの事例間でみつかった別の差異は，（原因を明らかにしようとしているのであれば）研究変数の原因の候補に，（結果を明らかにしようとしているのであれば）研究変数の結果の候補にあげられるのである。原因や結果の候補の数を減らすためには，同じような事例を採用するとよい。事例がお互いに似ていればいるほど，候補の数は少なくなり，真の原因や結果を発見しやすくなるからである[25]。同様に，一致法では，分析者は，全体的な事例の

　　る，別の民主主義の原因が見つかるだろう。

24　John Stuart Mill, *A System of Logic*, ed. J. M. Robson (Toronto: University of Toronto Press, 1973), chap. 8, "Of the Four Methods of Experimental Inquiry," pp. 388-406（大関将一・小林篤郎訳『論理学体系Ⅲ』春秋社，1958年，185-220頁）。

25　理論構築のために差異法にもとづいてペアにした事例の分析を行っている例は，Morris P. Fiorina, *Congress: Keystone of the Washington Establishment* (New Haven: Yale University Press, 1977), chap. 4, pp. 29-37 である。フィオリナ（Fiorina）はなぜ得票数が僅差の選挙区（民主党員と共和党員が下院選挙で互角の戦いをしている「浮動」選挙区）がなくなっているのかを説明しようとした。仮説を生み出すために，かれは性質はよく似ているが結果が異なる2つの選挙区，すなわち，以前から得票数が僅差のままである選挙区と1960年代になって得票数が僅差でなくなった選挙区を比較した。かれは観察された複数の選挙区のあいだにある決定的な違い（新たに得票数が僅差の選挙区ではなくなった選挙区での現職下院議員による選挙区民へのより多くのサービス）を，僅差の得票の選挙区が一般的に減少した原因の候補としてあげた。かれが理論化したところによれば，政府の規模の拡大は現職議員にとって，選挙区民にサービスを提供することによ

特徴が異なっているにもかかわらず研究変数がよく似ている値を示す事例を調査し，それらの事例のあいだにあるはずの別の類似点を探し求め，こうした類似点を研究変数の原因や結果の候補とみなすのである[26]。

3. 研究変数（SV）の値が極端に高いか極端に低い事例を選び，研究変数が独立変数であれ従属変数であれ，それに対応する事象を求めて事例を調査すればよい。研究変数の値が非常に高い場合（研究変数の事象がたくさんある場合）には，その原因あるいは結果もまた異常なほど多く存在するはずであり，

り有権者の支持を得るための機会を創出し，このことが機会を逃さなかった現職議員への支持を強化することにつながった。

わたしも以前に，差異法による事例比較から仮説を推論するという社会科学的な経験をしたことがある（もっとも，当時はJ.S.ミルを気にとめていなかった）。1969年にわたしは，1965年の投票権法が可決されたあとですら，深南部の農村地帯では黒人の政治動員が少ないことを説明しようとしたことがある。わたしは，デルファイ法によるインタビューだけでなく差異法による比較も使って，白人による経済的な抑圧が黒人の動員を遅らせているという仮説を推論した。

わたしは黒人が過半数を占める，非常に似ている2つのミシシッピ州の郡を比較することから始めた。ホルムズ郡の選挙で黒人が当選したのに対し，隣のハンフリーズ郡では黒人が大敗したという点を除くと，2つの郡はほとんどすべての社会経済的な特徴が非常によく似ていた。このため，これらの郡における別の違いを探してみると，簡単に発見することができた。ホルムズ郡には，マイルストーン・プロジェクト（the Mileston project）という，1940年代にニューディール農場保障局（New Deal Farm Security Administration）から小さな農場を買った黒人の土地所有者からなるコミュニティがあった。一方，ハンフリーズ郡には同じようなものは何もなかった。その結果，ホルムズ郡にはハンフリーズ郡より黒人の土地所有者がはるかに多かった。過程追跡を使ってさらに詳しく調べてみると，こうした土地所有者がホルムズ郡の黒人の政治団体を組織する際に重要な役割を果たしていたことがわかった。さらにインタビューによって，黒人の小作人のあいだにあった立ち退かされることへの恐怖感がミシシッピ州での黒人の政治参加を遅らせていたこと，またマイルストーン農場の農民は立ち退かされる恐怖感から解放されたことにより政治参加をするように促されたことがわかった。ミシシッピ州で黒人が過半数を占める29のすべての郡を使った多数事例の検証でも，黒人の経済的抑圧からの解放と黒人の政治動員を表す指標とのあいだに有意な相関があることがわかった。このことは，経済的抑圧がミシシッピ州の黒人地帯において黒人の政治動員を抑えるという仮説を確証し，そうした抑圧が深南部における農村地帯での黒人の動員を少なくするであろうことを示唆していた。

この研究の結果は，Lester M. Salamon and Stephen Van Evera, "Fear, Apathy, and Discrimination: A Test of Three Explanations of Political Participation," *American Political Science Review* 67 (December, 1973): 1288-1306に要約されている（残念なことに，われわれの論文では，わたしのホルムズ郡でのインタビューと過程追跡のデータは省略されている。若くて未熟であったため，わたしは多数事例の検証だけが妥当であると判断し，ホルムズ郡を事例研究の1つとして提示しようとは考えもしなかった）。

26 利用可能な事例の性質がほとんど均質である場合（すなわち，ほとんどの事例がほとんどの特徴において似ている場合）は差異法がより効率的である。一致法は，事例の性質が異質である場合（すなわち，ほとんどの事例がほとんどの特徴において異なっているとき）に好まれる。

その事例の全体の特徴のなかでも目立つはずである．研究変数の値が非常に低い場合（研究変数の事象がほとんど存在しない場合）には，その原因あるいは結果も存在しないからこそ，欠けている原因あるいは結果が何であるのかがわかるはずである．

4． 事例内での研究変数の変化の幅が極端に大きい事例を選択し，その研究変数とあわせて変化する事象を求めて事例を調査するとよい．もし研究変数の値が激しく変化するのであれば，その原因や結果も，その事例全体におけるより動きの少ないほかの特徴に比べて際だって大きく変化しているはずである．

5． 反実仮想分析（counterfactual analysis）は，帰納法にもとづく理論構築に役立てることができる．分析者は，重要かつ操作可能な条件（または重要もしくは操作可能な条件）を変化させることで歴史を検証し，もし事のいきさつの一部が異なっていたら，出来事がどのように違って展開していたかを「予測」しようとして歴史を検証する．たとえば，軍事的要因が戦争の可能性にどのような影響を及ぼすのかを調べるために，「もしヨーロッパ各国の指導者たちが，他国の征服は容易であると信じていなかったのならば，1914年以前の外交はどのような展開になっていただろうか」という問いを立てることができる．あるいは，ナチスの侵略が引き起こされるにあたり，広範な社会・政治的要因がどのくらい重要であったかを調べるために，「もしヒトラーが1932年に死去していたならば，1930年代はどのような展開になっていただろうか」と問うこともできる．問題となっている変化の影響が大きければ大きいほど，こうした分析は重要になる．

分析者が説得力のある反実仮想分析を行うことができれば，説得力のある理論を見つけたことになる．なぜならば，反実仮想による予測はすべて理論にもとづいているからである（分析者は理論なしでは，条件が変わっていたら，出来事がどう変化することになったかを予測できなかったはずである）．もしほかの分析者がこの分析に疑問をもっていても（致命的な欠点を見出せないのならば），なおさらよいことである．なぜなら，その理論は新しいもの，つまり本当の発見であるかもしれないからである．この時点で，理論から予測を立て検証できるように，分析者は理論を一般化したかたちで組み立

てるだけでよいことになる。分析者としては,「わたしが例としてあげていた関係はどんな一般的な因果法則を表しているのか」を問うべきである。その答えこそが理論である。

　反実仮想分析は,理論を構築するのではなく認識することにも役に立つ。反実仮想分析によって見つけ出された理論は,分析する以前の段階から理論家の潜在意識のなかにあったはずである。そうでなければ,理論家は反実仮想のシナリオを想定することはできない。大半の人間は,自分が意識している以上に理論の存在を信じているものである。むずかしいのは,これらの隠されている理論を顕在化させ,一般的な言葉で書き表すことである。反実仮想分析は,こうしたプロセスの助けになる。

6. 理論は政策論争から推論されることがよくある。特定の政策を擁護する者は,(「もしベトナムで共産主義が勝利を収めれば,タイやマレーシアなど,あちこちでも共産主義が勝利することになるだろう」)というように,具体的な原因や結果(因果関係)を示す議論をするが,それは,(「共産主義の勝利は伝染する。すなわち,ある国で共産主義が勝つと,ほかの国々でもそうなる確率が高くなる」あるいは,もっと一般化して,「革命は伝染する。すなわち,ある国で革命が起こると,ほかの国々でもそうなる確率が高くなる」というように,)一般的な理論として組み立てることができる。これらの一般理論を検証すればよいのである。このような検証は,政策論争を解決する手立てにもなる。こうして導き出された理論は,当然政策との関連性を有しており,それゆえに細心の注意を払うに値する。

7. 分析者が説明しようとしている出来事を実際に経験した関係者や観察者の見識から,仮説を掘り起こすことができる。実際に事例を経験した者は,事後に調査する者には入手できないような,重要であるにもかかわらず記録に残っていない情報を観察していることがよくある。それゆえに,われわれが直接観察するだけでは導き出せないような仮説をかれらは提示することができる[27]。

27　わたしはこの技法,「デルファイ法」を使って,なぜ1965年の投票権法が可決されたあとでさえも深南部における奥部の農村地帯で黒人の政治動員が少ないのかを説明する仮説を推論した。その当時(1969年),政治学者のあいだでは広く,黒人の政治動員が少ないのは政治的無関心に起因す

8. 多数事例（large-n）のデータセットは，変数のあいだの相関関係を調べる目的で使うことができる。そして相関関係が見つかれば，それを因果関係の候補とみなす。しかし，この方法が実を結ぶことはめったにない。通常，新規に多数事例のデータセットを集めることはむずかしい反面，既存のデータセットに頼ってしまうと，先行研究者の関心によって調査の範囲が限定されてしまう。この場合，理論の探求は，ほかの研究者がすでに選んで数値化した変数を使ってしかできなくなる。
9. ある分野から既存の理論を持ち込み，ほかの分野の事象を説明するよう修正することで理論をつくることができる[28]。たとえば，国際関係における誤認の研究者と大衆政治行動の研究者は，どちらも心理学から理論をとりいれてきた。軍事問題の研究者は，組織論の研究から理論を借用してきた。国際システムの研究者は経済学から理論（たとえば寡占理論）を拝借してきたのである。

■ 理論を検証するにはどうすればよいのか

理論を検証するには2つの基本的な方法，すなわち実験と観察がある。観察を用いた検証には，多数事例と事例分析の2つの種類がある。したがって，全体としては，実験，多数事例を用いた観察，そして事例分析にもとづく観察の3つの基本的な検証方法が存在することになる[29]。

ると推測されていた。わたしは，コミュニティの組織者の技能が鍵を握っているのではないかと考えていた。しかしインタビューをしてみると，農村地帯の黒人のコミュニティ指導者は両方の理論に懐疑的であったことがわかった。むしろ，かれらは白人による抑圧への恐怖が黒人の政治参加を遅らせており，抑圧からの解放が黒人の政治動員の余地を説明するのに役立つと主張した。もう少し調査してみると，かれらの主張を裏づける重大な証拠が見つかった（この仮説は，差異法にもとづいてミシシッピ州の2つの郡を比較したことからも明らかになった。詳細は脚注25を参照のこと）。

28 この技法を提示しているものとしては，Shively, *Craft of Political Research*, p. 165 がある。
29 演繹法は理論を評価する4番目の方法になる。aがbを引き起こすという仮説を評価するために演繹法を用いる場合，aとbが，すでに因果関係にあるとわかっている一般的な現象（AとB）の事例であるのかどうかを問うことになる。そうであるのならば，AがBを引き起こし，aとbはAとBの例であるため，aはbを引き起こすに違いないと演繹できる。演繹法による理論の評価については，Hempel, *Philosophy of Natural Science*, pp. 38-40（黒崎訳『自然科学の哲学』61-64頁）の理論に対する「理論的支持」や同書の p. 51（邦訳82-83頁）にあるそれに関連した「演

1. **実験**（Experimentation）　研究者はまず理論から予測を立て，2つの同等の集合のうちの一方だけを外部からの刺激にさらす。そして，その結果が予測と一致するのか，あるいはしないのかを観察する。予測と結果が一致すれば理論は裏づけられたことになるが，一致しないと理論の論拠が弱くなる。
2. **観察**（Observation）　研究者は理論から予測を立て，外部からの刺激にさらさずにそのままの状態でデータを観察し，観察した結果が予測と一致するかどうかを問う[30]。

　われわれの理論が妥当であるならば，予測は，われわれが起こると期待しているような観察結果〔われわれが期待している観察〕と一致する。予測は，事象の発生，進行，場所，そして構造についての期待を明確にしたものである[31]。たとえば，〔理論が妥当であるならば，〕ほかの条件が一定の場合，その理論の独立変数と従属変数の値は，時間と場所を問わず，ともに変化するはずであるとつねに予測できる。理論の説明部分を構成する媒介変数の値も，時間と場所を選ばず，独立変数とともに変化するはずである。独立変数の変化は，それにともなって起こる従属変数の変化よりまえに起こるはずである。社会についての理論を検証するとすれば，行為者は，その理論のロジックに

繹的－法則的」説明と「一般法則（カバリング）」についての議論を参照のこと。前者は一般法則から演繹する説明のことであり，後者は一般法則のことであり，それから具体的な説明が演繹される。

　ほとんどの「常識的な」説明は，この種の演繹により立証されるため，われわれはこうした理論を受けいれるのである。しかしながら，演繹的な評価は理論の検証ではない。むしろそれは，以前に検証された法則を新しい状況に適用しているのである。

30　観察による研究デザインは「擬似実験」とも呼ばれる。Donald T. Campbell and Julian C. Stanley, *Experimental and Quasi-Experimental Designs for Research* (Boston: Houghton Mifflin, 1963), p. 34 を参照のこと。

31　本書では，「予測（predictions）」は，ある理論が妥当である場合，過去においても未来においても，ある事象が発生することになるだろうという期待であると定義して使っている。ほかの人は，こうした期待を別途，理論の「観察可能な示唆」あるいは「検証から得られる示唆」と呼んでいる。King, Keohane, and Verba, *Designing Social Inquiry*, pp. 28-29 など（真渕監訳『社会科学のリサーチ・デザイン』34-35 頁など），Hempel, *Philosophy of Natural Science*, pp. 7, 30（黒崎訳『自然科学の哲学』10, 47 頁）。さらに，未来についての予測に「予測」という言葉を使う一方で，歴史上の記録が明らかにするであろうことについての予測に「後測（postdiction）」という言葉をあてる人もいる。

　われわれは仮説を検証するために予測を使うが，予測も仮説そのものである。予測は，仮説が作用する場合，独立変数が引き起こすべき事象を表す。これらの事象には，従属変数や媒介変数の観察可能な性質やこれらの変数が引き起こす結果が含まれる。したがって，予測と仮説とのあいだの境界は性質の違いにあるのではなく，それらの使われ方にある。

合うように話したり行動したりするはずである（たとえば，「通商競争が戦争を引き起こす」とすれば，開戦の決定をするエリートは戦争の理由として通商上の関心事に言及するはずである）。

化学，生物学，物理学といった自然科学は実験に多くを頼っている。一方，天文学，地質学，古生物学といったほかの分野は主として観察に頼っている。政治学では，紛争シミュレーションや心理実験といったごく少数の例外を除いて，実験はほとんどできない。そのため，観察がわれわれの主要な検証方法になる。

観察にもとづく分析としては以下の2つのタイプのものが可能である。

1. **多数事例**（large-n）あるいは「統計」分析[32]。多数事例——たいていは数十個以上の事例——が集められ，理論の予測どおりに変数がともに変化するかどうかを調べる。

2. **事例研究**（case-study）分析。分析者は少数の事例（もっとも少ない場合は1つ）を詳細に分析し，出来事が予測の通りに展開するかどうか，また（もし研究対象が人間の行動に関するものであれば）理論が予測するように行為者が話したり行動したりするかどうかを調べるのである[33]。

実験，多数事例，あるいは事例研究のうち，どの方法がもっともよいのだろうか。われわれとしては，もっとも強力な検証ができる方法を選ぶべきである（この章の後半で強力な検証について述べる）。方法として可能であるならば，検証は少ないよりも多い方が望ましく，強力な検証の方が弱い検証よりもよく，多くの強力な検証を行うことがもっともよい。入手できるデータの組成によっ

---

[32] 多数事例分析の入門書としては，Babbie, *Practice of Social Research*（渡辺監訳『社会調査法』全2巻）; Shively, *Craft of Political Research;* William G. Cochran, *Planning and Analysis of Observational Studies* (New York: Wiley, 1983); Edward S. Balian, *How to Design, Analyze, and Write Doctoral or Masters Research*, 2d ed. (Lanham, Md.: University Press of America, 1988); Edward R. Tufte, *Data Analysis for Politics and Policy* (Englewood Cliffs, N.J.: Prentice-Hall, 1974); D. G. Rees, *Essential Statistics*（好田順治訳『エッセンシャル統計学』晃洋書房，1987年）; George W. Snedecor and William G. Cochran, *Statistical Methods* (Ames: Iowa State University Press, 1989)（畑村又好・奥野忠一・津村善郎訳『統計的方法』岩波書店，1972年）および David Freedman et al., *Statistics*, 2d ed. (New York: Norton, 1991) などがある。

[33] 事例研究分析の画期的な研究は，第2章の脚注1で言及している。

て，特定の理論を検証するのにどの方法がもっとも強力であるかが決まる。戦争についての理論のほとんどは，事例分析の方法で検証するのがもっともよい。なぜなら，戦争前の政治や外交に関する国際関係の歴史上の記録はわれわれのいうデータに相当するのだが，これらはたいてい数多くの事例の調査として取り扱われるよりも，ごく少数の事例として深く研究されることに適しているからである。ごく少数の事例（2つの世界大戦）は大変くわしい記録が残されているが，事例の数が15あるいは20以上になると，歴史上の記録は目に見えて質が落ちてくる。その結果，事例研究の方が多数事例の方法に比べて，よりよい検証やより強力な検証がしばしば可能になる。逆に，アメリカの選挙政治の理論を検証するためには，多数事例の方法が相対的により効果的である。というのは，選挙や投票者へのインタビューなどきわめて多くの事例がきちんと記録されているからである。しかし，とくに緻密な事例研究がほかの手段では得がたいような重要なデータをもたらす場合，事例研究はアメリカ政治を研究するうえで強力な手段になりうる[34]。多数事例分析は，検証に必要なデータが数多くの事例で記録されている場合（たとえば，民主的平和理論〔democratic peace theory〕に関する多くの良質な多数事例の検証を参照のこと），国際政治を研究する強力な方法となる[35]。政治学では実験ができることはまれであるために，実験はもっとも役に立たない方法である。

■強力な検証か弱い検証か——予測と検証

強力な検証が好まれるのは，弱い検証に比べてより多くの情報をもたらし，より重みをもつからである[36]。

---

[34] 例としては，Richard E. Fenno, *Home Style: House Members in Their Districts* (New York: HarperCollins, 1978) および Fiorina, *Congress: Keystone of the Washington Establishment* がある。

[35] たとえば，Steve Chan, "Mirror, Mirror on the Wall...Are the Freer Countries More Pacific?" *Journal of Conflict Resolution* 28 (December 1984): 617-48; Erich Weede, "Democracy and War Involvement," ibid., pp. 649-64 および Zeev Maoz and Bruce Russett, "Normative and Structural Causes of Democratic Peace, 1946-1986," *American Political Science Review* 87 (September 1993): 624-38 がある。

[36] 強力な検証についての議論は，Eckstein, "Case Study and Theory," pp. 113-31 で，かれが

強力な検証とは，検証の結果が理論の作用あるいは理論の失敗以外のいかなる要因からも生じそうにないものである。強力な検証では，予測が確実で独自であるかを評価する。確実な予測とは，疑う余地のない予想（forecast）である。予測が確実であればあるほど，検証は強力になる。もっとも確実な予測とは，もし理論が妥当であれば，何があろうとも起こるに違いない結果を決定的に予想することである。もし予測がはずれれば，それは理論が作用しないことからのみ起こりうるため，その理論は成り立たない。独自の予測とは，ほかの既知の理論からはできない予想のことである。予測が独自であればあるほど，検証は強力になる。もっとも独自の予測とは，理論の働きを除いて，ほかのもっともらしい原因からは生じえない結果を予想するものである。もし予測がうまくいけば，検証対象になっている結果について，ほかの説明がほとんどできないか，できても本当とは思えないために，その理論は強力な裏づけを得る。

確実性と独自性はともに程度の問題である。予測は，確実性と独自性の両方の要素について，失敗から完全な成功という尺度のどこかに位置する。高い確実性と高い独自性の予測による検証は，確固とした肯定・否定的な証拠を提示するため，もっとも強力である。確実性や独自性の程度が下がるにつれて，検証の強度も弱くなる。確実性や独自性にほとんど欠けるような予測による検証はもっとも弱く，検証に使われる予測が確実でも独自でもなければその検証には価値がない。

検証は，確実性と独自性の強弱の組み合わせによって，4つのタイプに分類できる。

1. 選別するための検証（Hoop test） 確実性が高いものの独自性に欠ける予測は，決定的な否定の検証になる。つまり，この検証に失敗すれば理論や説明は却下されることになるが，検証がうまくいっても理論や説明はほとんど何も裏づけられたことにはならない。たとえば，「被告人は殺人のあった日にその州にいたか」と問われた際，もしいなければ被告人は無罪であるが，

「決定的な事例研究」（強力な検証を提供する事例を意味するかれの用語）と名づけたものに関する議論や，Arthur L. Stinchcombe, *Constructing Social Theories* (New York: Harcourt, Brace & World, 1968), pp. 20-22 がある。

かれが街にいたことを証明してもかれの有罪を立証したことにはならない。理論として存続するためには，この検証が与える関門を突破しなければならないが，検証を通過しても，理論の成立可能性はいまだに不確実な状態のままである。

2. **動かぬ証拠による検証**（Smoking-gun test） 独自性が高いが確実性に欠ける予測は決定的な肯定の検証になる。この検証を通過すればその説明は強力な裏づけを得ることになるが，失敗してもその説明の効力はほとんど弱まらない。たとえば，発砲があった直後に，容疑者の手に煙の出ている銃があったことを目撃されれば，それは有罪のかなり決定的な証拠になるが，容疑者が煙の出ている銃を持っているところを目撃されなかったとしても，無罪が証明された訳ではない。このような「動かぬ証拠」による検証を通過する説明は強力な裏づけを得るが，この検証に失敗してもその説明に疑問の余地はほとんど生じない。

3. **二重に決め手となる検証**（Doubly-decisive test） 独自性も確実性も高い予測は，どちらにおいても決定的である。つまり，この検証を通過すれば説明は強力な裏づけを得ることになり，この検証に失敗すると説明は葬り去られることになる。もし銀行の防犯カメラに銀行強盗の顔が写っているなら，そのフィルムは容疑者が有罪であるか無罪であるかの双方の決め手となる。このような検証は，「選別するための検証」と「動かぬ証拠による検証」の両方を組み合わせて1つの検証にしたものである。そのような検証は，（1つの検証で物事を解決するために）必要な情報のほとんどをもたらすが，これができるのはまれなことである。

4. **かすかな微候を示す検証**（Straw-in-the-wind test） 大多数の予測は独自性も確実性も低く，それゆえ検証はどちらにおいても決定的とはならない。つまり，検証は通過しても失敗しても「かすかな微候を示す」ものでしかない。こうした検証結果は，証拠の全体的なバランスをみて比較考量できるが，結果自体は決定的ではない。たとえば，歴史上の出来事についての説明の多くはもっともらしい予測を行うが（「もしヒトラーがホロコーストを命じていたならば，おそらくかれの命令を記録した何らかの文書が見つかるだろう」というように），その予測が失敗したとしても，それは単に生じる可能

性が低かった方の結果が起こったことを示したにすぎない[37]。このようなかすかな徴候を示す検証を行うことによってわれわれは学ぶこともあるが、こうした検証はそれ自体は少しも決定的なものではない[38]。残念なことに、われわれが研究で通常扱う予測はこうした予測なのである。

解釈をめぐる論争は、理論からどのような結果を予測できるのかをめぐる議論から発生することが多い。リアリズムの予測は冷戦の終結と矛盾するのだろうか。そうであると答える学者もいるし、そうでないとする者もいる。(理論的な論述があいまいであるとさまざまな予測を生み出す余地が大きいため)、理論がはじめから明確に組み立てられていれば、そして検証の対象になっている予測は何であるのかが説明され、その予測の理由が正当化できれば、こうした意見の相違は小さくなる。

解釈をめぐる論争は、予測の独自性と確実性についての見解の相違からも生じる。はたして予測は独自なものなのだろうか。つまり、ほかの理論や説明は同じ結果を予測するのだろうか。もしそうであるならば、検証を通過してもそれほどたいしたことではない。フィッシャー学派に属する歴史家の主張では、1912年12月8日のドイツのカイザー・ヴィルヘルム二世と軍事指導者たちとのあいだに行われた不幸な会議である「軍事参議会議」(1960年代になってようやくそれが明らかになった)は大戦を開始するためのドイツのエリートたちの陰謀を示すものであるという[39]。これに対して、カイザーの移り気な性格か

---

[37] 事実、ヒトラーがホロコーストを指示した命令の文書記録は何もないが、歴史学者のあいだではヒトラーが実際に命令したということで意見が一致している。その1つの議論としてはたとえば Sebastian Haffner, *The Meaning of Hitler*, trans. Ewald Osers (Cambridge: Harvard University Press, 1979), pp. 133, 138-43 を参照のこと。

[38] これらの4つの用語、すなわち「選別するための検証」、「動かぬ証拠による検証」、「二重に決め手となる検証」および「かすかな徴候を示す検証」はこれまでの専門用語にはない、わたしによる造語である。

[39] 「軍事参議会議」については Imanuel Geiss, *German Foreign Policy, 1871-1914* (Boston: Routledge & Kegan Paul, 1976), pp. 142-45, 206-7 を参照。フィッシャー学派の議論についての読者にわかりやすい良い概説書としては同書のほか、John A. Moses, *The Politics of Illusion: The Fischer Controversy in German Historiography* (London: George Prior, 1975) がある。より批判的な文献は、John W. Langdon, *July 1914: The Long Debate, 1918-1990* (New York: Berg, 1990), pp. 66-129 である。

らその会議でのかれの好戦的な議論を説明できる（つまりカイザーは本気ではないことを口にすることで鬱憤をはらすことがよくあった）と批判する者もいる。要するに，フィッシャー学派の一部の人びとがエリートによる陰謀説の「動かぬ証拠」と主張する出来事について，それを批判する者は競合する説明を提示しているのである。そこで問題になるのは，この競合する説明の妥当性ということになる。

　その予測は確実なものなのか，つまり，疑う余地のないものであるのだろうか。もしそうでないのならば，検証に失敗しても，それほどの痛手にはならない。歴史学者のなかには，1898年の米西戦争は，スペインからフィリピンを奪いとることを望んでいた，帝国主義をもくろむアメリカの指導者による陰謀から起こったと主張する者がいる。こうした指導者の日記や私信あるいは公文書のなかにそのような陰謀について何も記述がなければ，陰謀はなかったと確信できる。この見方では，陰謀説は，高い確率で陰謀についての言及がこれらの記録のなかから見つかるはずだと予測する。しかし陰謀論者は，優れた陰謀家は陰謀を隠し，何も記録に残さないことが多いと答え，陰謀説は依然として成立すると主張する。なぜなら，理論は，陰謀をたくらむ者は陰謀の記録を残すはずであると，かすかに予測するのみだからである。したがって，そのような記録がないことは単に「かすかな徴候を示す検証」の結果として，理論をわずかに弱めるにすぎない。問題は証拠にあるのではなく，陰謀は目に見える記録として残るという理論の予測が確実であるかどうかについて，評価がわかれることにある。

　こうした議論は，証拠を解釈する際には検証の対象となっている予測の独自性と確実性を議論する必要があることを浮き彫りにしている。すべての証拠を同じように扱うことができないのは，検証の対象となっている予測の独自性や確実性の程度が同じではないからである。したがって，論文を書く者は，予測の独自性や確実性について補足的な説明を加えるべきである。

　強力な検証のほうが弱い検証よりも望ましいが，検証は理論に対して，あまりにも強力すぎたり，公平でないものにもなりうる。予測された作用を打ち消すような相殺する力が働く条件下での検証はその例である。このような検証を通過するということは，たいしたことである。なぜならば，その理論の原因が

大変重要であること，つまり影響力が大きいことを示しているからである。一方で，相殺する力が原因の働きを封じてしまうために，妥当な理論でも検証に失敗する場合があるかもしれない。そのような場合，研究者がそうした検証のバイアスに十分に注意して，よけいな困難に直面している理論に優遇措置を施さない限り，検証に失敗したというまちがった記録が残ってしまい，誤解を招いてしまう。

　もう1つのタイプのあまりに強力すぎる検証とは，理論が作用するのに必要な先行条件を欠いた状態で理論を評価することである。このような検証を理論は通過しそうにないので，もし通過するのであればたいしたことである。検証を通過するということは，その理論はこれまで信じられていた以上に説明範囲が広いことを示している。しかし，そのような検証は，理論の基本的な妥当性を評価するための公平な基準ではない。なぜなら，理論がそもそも主張していないことをもとに，理論の妥当性を評価しようとしているからである[40]。

■ 理論を検証するのに役立つヒント

理論を検証する者は以下の通りにするべきである。

1. 1つの理論から派生する仮説をできるだけ多く検証すること。理論の仮説のごく一部だけを検証することは，理論を部分的に検証したことにしかならないため，よくないやり方である。理論はすべての部分を検証することで，はじめて十分に検証されるものである。

　　検証できる仮説の数は理論における連結部分の数より多い。例として，以下の理論を考えてみる。

40　「最不適合（least-likely）」事例（あらゆる事例のなかでもっとも理論を無効にしそうな事例）による検証を支持する人は，かれらの推奨するこの事例が理論の作用に必要な条件を欠いているがためにもっとも不適合であるとき，この種類の非常に強力な検証を勧める。このような検証に失敗すると，先行条件が存在しない場合にその理論は働かないことはわかる。しかし，先行条件が存在する場合は，検証に失敗してもその理論の妥当性について何もわからない。このような検証は，理論の適用範囲が主要な問題であるときに有用かつ適切であるものの，理論の妥当性が争点として問われている場合には不適切である。最不適合事例の議論はEckstein, "Case Study and Theory," p. 118を参照のこと。

$$A \to q \to r \to B$$

　完全な検証とは，理論の主要仮説（$A \to B$）や説明仮説（$A \to q$, $q \to r$, そして $r \to B$），またそれらの組み合わせ（$A \to r$ や $q \to B$）を評価することである。したがって，3つの連結部分からなる理論には全部で6つの検証可能な仮説がある。研究者は時間と労力が許す限り，それらすべてを調べるべきである。

2. それぞれの仮説からできるだけ多くの予測を導き出し，検証すること。たいていの仮説は複数の検証可能な予測を生み出すことができるため，ひとつの予測を検証しただけですぐに満足してはならない。より多くの検証可能な予測を見つけるためには，時と場所を問わずに（つまり，地域，集団，制度，あるいは個人が変わると），仮説から導き出される予測がどのように異なるのかを考えることである。また，もし理論が決定過程に関するものならば，仮説は決定過程がどのようになると予測するのか，また，特定の個人がどのように発言したり行為したりすると予測するのか，といったことについて考えることである。

　理論が妥当であるならば，予測は，あなたが起こるであろうと期待している観察結果と一致する。予測は，事象の発生，進行，場所，そして構造についての期待を明確にしたものである。われわれは理論が作用することを観察できるはずである（すなわち，「もし理論が妥当であるならば，その理論の原因がその理論の結果を引き起こすことを観察できるだろうとわたしは予測する」），と単に予想しているような同語反復の予測は避けなくてはならない。たとえば，「民主主義は平和を引き起こす」という仮説では，同語反復の予測は以下のようになる。「民主主義が平和を引き起こすことをわれわれは観察するはずである」。これに対して，同語反復ではない予測とは，「民主主義国家は権威主義国家よりも戦争に巻き込まれることが少ないことをわれわれは観察するはずである」。

3. 自分の理論から導き出される予測を説明し，擁護すること。先に述べたように，科学的な論争は，どの予測が理論から適正に導き出され，どの予測が適正に導き出されないのか，といった議論から発展することが多い。その際，

科学者のあいだで検証の対象になっている理論が何を予測するのかということについて見解が一致しない場合，データについては同意するものの，その解釈をめぐって意見が異なる状況を目の当たりにすることになる。予測を十分に説明し擁護するならば，理論家はそのような意見の対立を最小限にすることができる。

　予測は一般的なもの（理論家が幅広い行動パターンを予測すること）か，具体的なもの（理論家が個々の出来事あるいは，その他の単一の観察結果について予測すること）かのどちらかである。一般的な予測は，一般的な仮説（「たぐいまれな機会と脆弱性の窓が国家を戦争に駆り立てるならば，相対的に衰退している国家は，通常考えられている以上に戦争を始めようとするはずである」ということ）から導き出され，また，一般的な仮説を検証するためにも使われる。具体的な予測は，一般的な仮説（「たぐいまれな機会と脆弱性の窓が国家を戦争に駆り立てるならば，1941年にたぐいまれな機会が日本に訪れたとき，日本はより攻撃的な行動にでたはずである」ということ）からも，具体的な仮説（「1941年のたぐいまれな機会が日本を戦争に駆り立てたのならば，日本の政策決定者が失われつつある機会を戦争の理由として言及していた記録が見つかるはずである」ということ）からも導き出されるし，一般的な仮説と具体的な仮説の両方を検証することにも使われる。

4. 検証の範囲をできるだけ正確に表しているデータを選ぶこと。多数事例にもとづく検証方法を使用する場合，（検証の対象となっている仮説の説明対象となっている母集団）を代表するデータを選ぶことが必要である。事例分析の方法を用いる場合には，分析対象になっている事例の条件にあうデータを選ぶことである。データは検証の範囲をおおまかにしか代表していなくても役に立つことがある[41]。それでもやはり，データの抽出は正確であればあるほどよい。えり好みして証拠を選ぶこと，つまり反証材料となる不利な証拠よりも仮説を支持する証拠を好意的に扱うことが許されないのは，そのような行為が正確な抽出の原則に反するからである。

41　John J. Mearsheimer, "Assessing the Conventional Balance: The 3:1 Rule and Its Critics," *International Security* 13 (Spring 1989): 56-62 では，代表的ではないデータを使った「だいたいの目安（rule of thumb）」による検証の有効性を主張し，それについて説明している。

この原則はほとんど決まり文句になっているが，政治学の古い文献（ここでわたしが考えているのは国際関係論の文献）では「例をあげて論じる」場合に，この原則はたびたび破られている。例をあげることは演繹的な理論を説明するのには役に立つが，その事例が証拠となりうるのは，すべての関連するデータ集合を（たとえおおまかであっても）代表している場合と，事例が単一の事例研究として成り立つ程度まで詳細に書き示されている場合のどちらか一方もしくは両方を満たしているときである。

5. 2つの変数のあいだに観察された関係が，因果関係ではなくむしろ第三の別の変数による結果である可能性を考慮したうえで評価すること[42]。2つの変数は，一方の変数の変化が他方の変数の変化を引き起こすためにともに変化する場合もあれば，第三の別の変数が両方の変数の変化を引き起こすためにともに変化するのかもしれない。たとえば，ミトンと除雪機の月間売り上げはアメリカ北部では強い相関関係を示すが，どちらか一方の変化が他方の変化を引き起こすわけではない。むしろ，冬の天候が両方の変化を引き起こすのである。変数間の相関関係が因果関係を示していると結論づけるまえに，このような第三の別の変数の効果を考慮に入れるか，その効果に制御を加えるべきである。

6. 検証の結果を評価する場合は，それぞれの理論を個々に判断すること。
　たとえある理論が検証に失敗した（あるいは通過した）場合でも，同じ判断が似たような理論にあてはまると先験的(アプリオリ)に決めつけてはならない。（経済理論の新古典派，帝国主義理論のマルクス主義学派，国際関係論のリアリスト学派というような）ある理論学派における個々の理論は，それ自体個別に判断されるべきである。同じ学派に属するそれぞれの理論の長所や短所は，それらの理論がより一般的なひとつの理論から派生しており，その一般的な理論が検証によって反証されたか，もしくは確証された場合でない限り，同じ学派に属する別の理論にあてはめるべきではない。

　多重仮説（multihypothesis）をもつ理論のなかの1つの仮説を棄却したとしても，その理論の残りの仮説の妥当性については何もいえない。なかには

---

[42] たとえば, Babbie, *Practice of Social Research*, pp. 396-409（渡辺監訳『社会調査法2』177-196頁）を参照のこと。

まちがっているものもあるだろうし，正しい仮説もあるかもしれない。それぞれの仮説を別々に検証すべきである。

　検証に失敗した理論は，それを放棄するまえに修正できるかどうかを考えること。検証に失敗した理論にも，しばしば妥当な仮説が含まれている。場合によっては，そうした理論を救済して，新しい理論に組み込むことができるかもしれない。

7. 理論は，確証されなかった仮説を変数間の別の因果プロセスを提示する新しい説明仮説に置き換えたり，その適用範囲を狭めたりすることによって修正することができる。新しい先行条件（条件変数，つまり CV）を追加して理論の主張の範囲を狭めれば，その理論はもはや検証に失敗した際に用いられた事例にあてはまらなくてもいいことになる。このため，検証に失敗したことを無効にしてもよい。その理論はこの段階で控えめなものにはなるが，検証には通過する。

8. 理論を帰無仮説（つまり「この理論は説明能力が少しでもあるのか」），あるいはほかの理論（つまり「この理論は競合する理論と比べて説明能力が高いのか，あるいは低いのか」）の検証と比較して検証することができる[43]。両方の検証方式はともに有用であるが，混同してはならない。帰無仮説に対する検証にすべて通った理論でも，さらに検討を重ねないかぎり主導的な理論と呼ぶべきではない。なぜなら，そうした理論でもなお競合する理論との争いに敗れることもあるからだ。反対に，競合する理論との競争に敗れた理

---

[43] 同様に，イムレ・ラカトシュ（Imre Lakatos）は「理論と実験の二項間の戦い」と「2つの競合理論と実験の三項間の戦い」を区別する。かれのいう「二項間の戦い」とは帰無仮説（何の因果関係もない仮説）に対する検証であり，かれがいう「三項間の戦い」は帰無仮説と理論対理論の検証を含む。Imre Lakatos, "Falsification and the Methodology of Scientific Research Programmes," in Imre Lakatos and Alan Musgrave, eds., *Criticism and the Growth of Knowledge* (Cambridge: Cambridge University Press, 1970), p. 115.（森博監訳『批判と知識の成長』木鐸社，1985年，165頁）。「二項間の戦い」の形式とみなされる業績としては，民主的平和理論についての多くの研究，たとえば Chan, "Mirror, Mirror on the Wall," や Weede, "Democracy and War Involvement" がある。「三項間の戦い」の形式であるとみなされる研究としては，Barry R. Posen, *The Sources of Military Doctrine: Britain, France, and Germany Between the World Wars* (Ithaca, N. Y.: Cornell University Press, 1984) がある。このテーマについてさらに知りたい場合は，Hempel, *Philosophy of Natural Science*, pp. 25-28（黒崎訳『自然科学の哲学』39-44頁）にある「決定的テスト（crucial tests）」の議論を参照のこと。

論でも完全に棄却することはできない。依然として説明能力は残っているかもしれないし，たとえほかの理論の方がより説明能力があろうとも，説明能力がある理論には価値がある。

9. 理論はどれだけ多くの事例を説明できるかではなく，経験的な証拠が理論の予測を裏づけるかどうかを問うことで検証すること。原因事象がまれにしか存在しないか，理論の作用には特別な条件を用意することが必要なために，その理論が説明できる事例はほとんどないかもしれないが，これらの条件が存在する場合には依然として強力に作用するという理論はありうる。このような理論はわずかな事例しか説明しなくても妥当なものである。

理論は説明できる事例の数によって，その有用性が明らかになることは確かである。ほかの条件が等しければ，理論が説明する事例の数が多ければ多いほど，その理論は役に立つ。それでもやはり，ごく少数の事例しか説明しない理論でも，それらの事例が重要であり，理論がとてもうまく事例を説明するのであれば，そうした理論には価値がある。

10. 理論は，仮定（条件変数の仮定された値）が妥当であるかどうかを評価することによって検証するものではない。検証では，「理論の作用のために必要とされている条件が存在する場合，理論は本当に作用するのか」を問う。このように問うことは，検証では当然のごとく仮定は真であると想定している。理論の仮定に反する条件で検証するのは公正を欠くことであり，そのような検証に通らないという理由で理論は棄却されるべきではない。

とはいっても，理論の仮定の妥当性が，その理論の有用性に影響することは確かである。現実性のない仮定は，空想の世界でしか作用しない理論を生み出してしまうため，そのような理論は現実を説明することができず，政策提言を生み出さない[44]。もっとも役に立つ理論は，少なくともいくつかの重

---

[44] 別の見解としては，Friedman, *Essays in Positive Economics*, pp. 14-23（佐藤ほか訳『実証的経済学の方法と展開』14-24 頁）を参照。「一般にその理論が有意義であればあるほど，（この意味で）仮定はいっそう非現実的である」(pp. 14, 邦訳 14-15 頁)。フリードマン（Friedman）の主張は，理論が正確に結果（従属変数の値）を予測する能力だけに焦点を絞っていることから来ている。かれは，説明や仮定といった理論の内部の働きの妥当性には関心を払っていない。理論の内部の働きの性質を知ることが役に立たない場合，このように無関心であっても妥当であるといえるが，このようなことは政治の研究においてはほとんどあてはまらない。

要な事例において，その仮定が現実に合致している理論である。

■ 具体的な出来事はどうやって説明できるのか

原因と結果を表す考え方は，理論と具体的な説明との2つのタイプに大きく分かれる。理論は一般的な用語で表現され，複数の事例に適用することができる（「拡張主義は戦争を引き起こす」とか，「地球外の物体による衝突は多種の絶滅を引き起こす」）。具体的な説明とは，特定の戦争，介入，帝国，革命，あるいは他の単一の出来事（「ドイツの拡張主義が第二次世界大戦を引き起こした」とか，「小惑星の地球への衝突は恐竜の絶滅を引き起こした」）といった個々の事象を説明するものである。これまで理論の構築と検証について述べてきた。他方，具体的な説明はどのように評価したらいいのであろうか[45]。そのためには4つの問いを立てるべきである。

1. 具体的な説明は，何らかの妥当な一般法則の例になっているのか[46]。ある具体的な事例において，Aがbを引き起こしたという仮説を評価するためには，まず（AがBを引き起こす）という一般的な仮説を評価する。もしAがBを引き起こさないのであれば，この場合Aがbを引き起こしたという仮説も含めて，Bの具体的な事例はAの例であるものが原因であるという，すべての説明を排除することができる。

   「雄鶏の鳴き声が今日の日の出を引き起こした」という主張は，一般的に，雄鶏が鳴くことは日の出を引き起こすかどうかを問うことによって評価され

---

[45] 歴史の説明における理論の役割は，歴史学者や社会科学者が長く議論してきたことである。ここでのわたしの見解は，この論争に関する画期的な研究である Hempel, "Function of General Laws in History," に依拠している。批判や別の見解は，Martin and McIntyre, *Readings in the Philosophy of Social Science*, pp. 55-156 を参照のこと。最近の論文としては，Clayton Roberts, *The Logic of Historical Explanation* (University Park: Pennsylvania State University Press, 1996) がある。また，「理論適用型」の事例研究，すなわち一般理論を使うことで事例を説明しようとする事例研究に関しては Eckstein, "Case Study and Theory," pp. 99-104 を参照のこと。

[46] 具体的な説明が演繹されるもとになる一般理論が，説明のための「一般法則」である。Hepmel, *Philosophy of Natural Science*, p. 51（黒崎訳『自然科学の哲学』83頁）を参照のこと。

る。「雄鶏の鳴き声が日の出を引き起こす」という仮説が検証によって却下された場合，雄鶏の鳴き声では今日の日の出を説明することはできないという結論を導き出せる。一般法則が誤っているため，その具体的な説明は正しくないのである。

　一般化された具体的な説明は，一般化されていない具体的な説明よりも好まれる。なぜならば，前者は一般法則との一致度を測ることができるのに対し，後者の場合はそれができないからである（後者では評価するための明確な一般法則が存在しない）。こうした一致度を測るためには，一般化されていない具体的な説明は，まず一般化された具体的な説明に表現し直す必要がある。

2. 一般法則の原因事象は，説明しようとしている事例のなかに存在するのか。具体的な説明は，説明のよりどころとなる一般的な理論の独立変数の値が 0 よりも大きい場合にのみ説得力がある。たとえ A が B の原因であると確認されたとしても，A が不在の際に B が起こる場合を説明することはできない。

　たとえ経済不況が戦争を引き起こすとしても，好況の場合に起こる戦争については説明することができない。また，たとえ資本主義が帝国主義を引き起こすとしても，それは共産主義の帝国や資本主義が発生するまえに生まれた帝国を説明することはできない。小惑星の衝突は地球上の種の絶滅を引き起こすかもしれないが，衝撃なしに起きた種の絶滅は説明できない。

3. 一般法則の先行条件は，事例において満たされているのか。理論は，その働きに必要な先行条件がない事例で生じた結果を説明することはできない。犬が狂犬病にかかっているのならば，その犬が咬みつけば狂犬病は広がる。しかし，この理論では，狂犬病ではない犬に咬まれたにもかかわらず狂犬病になってしまったという事例を説明することができない。

4. 一般法則の媒介事象は，事例において観察されるのか。一般法則で示された原因と結果をつなぐ事象は明確であり，適切な時間と場所に現れるはずである。具体的には，6500 万年前に小惑星の衝突が恐竜を死滅させたのであれば，衝撃が引き起こしたであろう壊滅的な死の過程を示す証拠が見つかるはずである。たとえば，衝撃により溶解した岩が地球に降りそそぎ山火事を

誘発した結果，煙で空が暗くなり，日光は遮断され，地球を凍結し，恐竜を死に至らしめたのであろうと理論化する科学者もいる。もしそうであるならば，このときの火事で生じたススを，世界中にある6500万年前の堆積物から発見できるはずである。また，（大陸規模の，あるいは地球規模の）巨大な溶解した岩が地球に降りそそいだ証拠や，種が突如として絶滅した痕跡も見つかるはずである[47]。

　この4番目の問いが必要なのは，最初の3つの問いだけでは決定的ではないからである。もし4番目の問いを省いてしまうと，われわれの説明を支える一般法則はあくまでも蓋然性を示すものにとどまってしまい，手元にある事例は説明どおりには作用しないものの1つである可能性が残ってしまう[48]。われわれがまちがった一般法則をまちがって信頼してしまったり，「法則」と思っていたものが実際はまちがっていたりする可能性があるので，その対策として，〔理論の説明が同じ事例内の別の事象を予測できるかどうかを問う〕同一事例内予測（within-case predictions）を検証するべきである。この2つの理由から，事例の内容が説明の事例内予測の内容と細かいところまで一致すればするほど，その説明がその事例を説明することになると強く推察できる[49]。

---

[47] 実際，恐竜が絶滅した当時の堆積物の記録はこれらの予測を裏づけている。Walter Alvarez and Frank Asaro, "An Extraterrestrial Impact," *Scientific American*, October 1990, pp. 79-82.
　恐竜の絶滅に関する論争は，具体的な説明から明確な予測を推論して示すことをうまく例示している。衝突理論については，Alvarez and Asaro, "Extraterrestrial Impact"; Vincent Courtillot, "A Volcanic Eruption," *Scientific American*, October 1990, pp. 85-92 および William J. Broad, "New Theory Would Reconcile Views on Dinosaurs' Demise," *New York Times*, December 27, 1994, p. C1 を参照のこと。

[48] 因果法則が蓋然的なものになる原因は通常，まだ明らかにされていない先行条件の値の変化にある。こうした先行条件を明確にして理論に組み込むことは，因果法則をより蓋然的でないものにし，より決定的なものにする。

[49] Hempel, "Fucntion of General Laws in History," では，この4番目の問いをそれほど必要だとは確信しておらず，最初の3つの問いでやめて，4番目については省略している。ヘンペルは，一般法則とは（蓋然的ではなく）決定的なものであり，十分に証明できるものだとしている。しかし，社会科学の法則はほとんどが蓋然的なものであり，たいていは不十分な証明しかできない。したがって，最初の3つの問いだけで具体的な説明の妥当性を演繹することは信頼性に欠き，われわれは最終的な結論に達するまえに，説明の因果プロセスが実際に起こることを経験的に実証すべきである。

分析者は，1つの出来事自体から，その出来事の具体的な説明の背後にある一般法則を導き出すことができる。その出来事の詳細は，具体的な説明を示唆している。そして，分析者はその具体的な説明を一般的な用語を使って理論として表現しなおし，その理論をより広範なデータベースに照らして検証する。その理論の説明が検証に通った段階で，分析者はその理論を具体的な事例に再度適用する。このように一般理論の検証と具体的な事例の説明は，同時に行うことができるし，相互に補強することもできる。

■ 方法論の神話

社会科学者は，もっともらしい多くの指図をするものだが，それらは無視するのがいちばんである。その例として以下のようなものがある。

1. 「理論を弱める証拠は，理論を確証する証拠よりも重要である」。カール・ポパー（Karl Popper）やほかの反証主義者は，「理論は検証できず」（「その真実性を証明することはできず」），反証することしかできない[50]，そして理論を弱める検証は理論を確証する検証よりもはるかに重要であると主張する[51]。かれらの前半部分の主張はかろうじて正しいといえるが，後半はそうではない。理論から生まれるありとあらゆる予測を想定したり，それらをすべて検証したりすることができない以上，理論が完全に正しいと証明することはできないし，また，想定していなかった予測によって理論がまちがいであるとされる可能性はつねに残っている。対照的に，理論を弱める検証はよ

---

50 Karl R. Popper, *The Logic of Scientific Discovery* (London: Routledge, 1995), p. 252.（大内義一・森博訳『科学的発見の論理（下）』恒星社厚生閣，1971年，312頁）。ポパー（Popper）および反証主義への批判は，King, Keohane, and Verba, *Designing Social Inquiry*, pp. 100-3（真渕監訳『社会科学のリサーチ・デザイン』119-23頁）。
51 反証主義についてわかりやすく書かれた概説において，デーヴィッド・ミラー（David Miller）は，反証主義者にとって反証とは，「いかなる仮説であれ検証に通っても仮説という状態に重要な違いをもたらさないが，たった1回でも検証に失敗すれば，その状態に重大な違いをもたらすことである」と述べている。David Miller, "Conjectural Knowledge: Popper's Solution of the Problem of Induction," in Paul Levinson, ed., *In Pursuit of Truth* (Atlantic Highlands, N. J. : Humanities Press, 1988), p. 22.

り決定的に理論を反証することができる。しかし，理論を弱める検証は，理論を確証する検証よりも勝っていることにはならない。もしある理論が多くの強力な検証に通過したものの，そのあとでそれまでに検証対象にならなかった別の予測を検証して失敗した場合，このことは通常，その理論が作用するためにはそれまでには確認できなかった先行条件が必要であることを意味している。そこでわれわれは，こうした先行条件を含めるかたちで理論を組み立てなおすと，理論の主張の範囲が狭まるため，検証に失敗したという事実を帳消しにすることができる。ポパー流にいえば，ここで新しい理論ができたことになる。ただし，それまでに古い理論が通った検証はすべて新しい理論にも適用できるため，その新しい理論は誕生した時点ですでに大変強力である。このように理論を確証する検証は，古い理論や，修正されて取り替えられた理論，そしてそれ以後の新しいバージョンの理論について，多くのことを教えてくれる。ポパーの反論はある程度，一度理論が提示されたら，それはすぐに受け入れられるものだという，かれのおかしな仮定から来ている[52]。したがって，理論を支持する証拠は，理論に関する既存の考えを単に補強するだけであるため，重要ではない。むしろ，その反対の方がしばしば真なのである。つまり，新しい発想の大半は，それを確証する証拠が積み上げられたあとでさえ，敵対的な偏見に直面するものである[53]。

2. 「理論は代替理論が現れるまで反証することはできない」。イムレ・ラカトシュ（Imre Lakatos）は，「もっとよい理論が出現するより以前は，どんな反証も存在しない」，そして「反証は，よりよい理論に先行できない」と主張する[54]。こうした主張はあまりにも雑駁である。このことは，いくつかの検証に失敗したものの，説明能力がまだある程度残っている理論にのみあてはまる。こうした理論はより強力な代替理論が現れるまで残しておくべきで

---

[52] King, Keohane, and Verba, *Designing Social Inquiry*, p. 100（真渕監訳『社会科学のリサーチ・デザイン』119頁）を参照のこと。

[53] この主張の著名な業績としては，Thomas S. Kuhn, *The Structure of Scientific Revolutions*, 2d enlarged edition (Chicago: University of Chicago Press, 1970)（中山茂訳『科学革命の構造』みすず書房，1971年）。

[54] Lakatos, "Falsification and the Methodology of Scientific Research Programmes," pp. 119, 122.（森監訳『批判と知識の成長』171, 175頁）。

ある。しかし，検証によって理論にまったく説明能力がないとわかれば，手元に代替理論があろうとなかろうと，その理論は棄却されるべきである[55]。たとえば医学研究のような多くの科学プログラムでは，帰無仮説に対する検証がごく普通に行われ，代替仮説が準備されていてもいなくても，検証に通らない仮説は棄却され，研究が発展していく。

　理論や説明を反証することができると主張する者に対して，説得力のある代替理論や説明を提示するように求めることで，反証できるという主張が早まったものではないかどうかをチェックすることができる。こうすることで，反証しようとしている研究者がほかの人の理論に対して，自分自身の説明ですら到達できないような高い基準を設定している事実を明らかにすることができる。また，このことは，基準が高すぎたことを示唆している。つまり，反証者はデータのなかの無意味な情報が，理論を反証する決定的な証拠であると誤解していたのである。しかし，このような試みは意味があるものの，理論というものは競合する理論の方が優れている場合を除いては反証することができない，という主張に賛同するのとはわけが違う。何が正しいかを知るより先に何がまちがいかを知ることは，当然のことながらできるのである。

3.「理論を発想するもとになった証拠は，その理論を検証するために再利用するべきではない」。この議論は[56]，理論を導き出す際に使った事例を再度

55　この章を出版前に読んだある人は，ここでわたしが提案した主張にしたがって，ラカトシュの意味するところは，説明能力がまだ残っている理論を反証することはより良い理論に先行することはできないということにすぎないと示唆した。その通りかもしれない。ラカトシュの主張は，「ヘタな文章」という表現に新たな意味をもたせてしまいそうなくらい読者を悩ます文体のなかに，かなりの部分が巧みに隠されており，そのようなひどい文章では正しい，あるいは断定的な読み方はできない。

56　この問題を取り上げているのは Alexander L. George and Timothy J. McKeown, "Case Studies and Theories of Organizational Decision Making," in *Advances in Information Processing in Organizations* (Greenwich, Conn.: JAI Press, 1985), 2: 38; David Collier, "The Comparative Method," in Ada W. Finifter, ed., *Political Science: The State of the Discipline*, 2d ed. (Washington, D.C.: American Political Science Association, 1993), p. 115 である。そして King, Keohane, and Verba, *Designing Social Inquiry*, pp. 21-23, 46, 141(真渕監訳『社会科学のリサーチ・デザイン』24-27, 56, 169-170頁) で著者は，「理論を作り出す場合と検証する場合に同じデータを用いるという問題」(p. 23, 邦訳27頁) を指摘し，「新しい理論を作るために使ったデータを，新しい理論の検証のために使ってはならないのである」(p. 46, 邦訳56頁) と主張している。

使って理論を検証してはならない，という注意によく結びつけられる。このことは，盲検法(ブラインド・テスト)が望ましいという理由にもとづいている[57]。その前提としては，研究者は，理論を導き出すときに使ったデータに比べ，理論を導き出すのに使わなかったデータにはなじみが薄いので，研究者が未使用のデータを使う場合には，データをえり好みして抽出する誘惑に駆られにくい。

盲検法はごまかしを調べるのに有用だが，一定の規則として定めるのには無理がある。その目的はあくまで，研究者が理論を裏づけるような検証だけを選び，理論を弱める検証を省略してしまうのを防ぐことにある。しかし，社会科学に盲検法の規則を課すことは事実上不可能である。というのは，研究者はほとんどいつも，理論を検証するまえからデータについてある程度知っているため，たとえ理論を発想するもとになったデータを除いたとしても，検証の結果がどうなるかについてよくわかっていることが多いからである。したがって，いいかげんな検証に対しては別の防止策が必要である[58]。社会科学を職業とする者に誠実であれという高い道徳的規範を植えつけることが，最善の解決策である。

4. 「従属変数をもとに事例を選んではならない」。つまり，説明しようとしている事象の事例（たとえば戦争）を選ぶ場合は，必ず反対の事例（平和）もいっしょに選ばなければいけないということである。事例研究を行う研究者はくり返しこの警告を発する[59]。しかし，それは妥当ではない。以下の3つ

---

[57] たとえば，Hempel, *Philosophy of Natural Science*, pp. 37-38（黒崎訳『自然科学の哲学』58-61頁）で議論されている。

[58] さらに，盲検法を採用することを条件にすると，正当に証拠を使うという行いに不合理な二重基準を生み出してしまう。つまり，同一のデータが，ある学者には（そこから理論を推論したがために）検証の対象としての使用が許されないのに，ほかの者には許されることになる。このルールはいかにして運用されるのだろうか。理論を構築するのにどの学者がどのデータを使用したので，検証のために再利用することを禁じるとだれが記録するのだろうか。理論家が自らの考えの出所を記録する仮説の登録所のようなものを設立したらよいのだろうか。この登録所に仮説が正確に登録されていることをどうやって確かめ，それを怠ったらどのように罰するのだろうか。われわれは仮説の出所が確実にはわからない多くの学者にどう対応したらいいのだろうか。

[59] Barbara Geddes, "How the Cases You Choose Affect the Answers You Get: Selection Bias in Comparative Cases," *Political Analysis* 2 (1990): 131-50 および King, Keohane, and Verba, *Designing Social Inquiry*, pp. 108-9, 129-32, 137-38, 140-49（真渕監訳『社会科学のリサーチ・デザイン』129-31, 155-59, 165-67, 168-80頁）も参照のこと。キング（King）らは，従属変数が分散していない事例の研究からは「因果関係を知ることはできない」(p. 130, 邦訳157

の条件のいずれかが満たされれば，従属変数をもとに事例を選ぶことは適切である。

a. 選ばれた事例の諸条件を既知の平均的な事例と比較できる場合[60]。そうした平均的な状況は，たいてい十分によく知られていて，さらにくわしい記述的研究を必要としない。もしそうであるならば，われわれは，従属変数をもとに選んだ事例を，これらのよく知られたありふれた標準的な条件と比較することができるので，より細かな比較をするための本格的な事例研究は必要ないのである[61]。

b. 事例内での研究変数の分散が大きい場合で，1つの事例で一致法による検証を複数行うことができるとき。

c. 事例に過程追跡（process tracing）を行うことができるほどの十分なデータがある場合[62]。

これらの条件下では，平均的な条件との比較，同一事例内での複数の一致法，そして過程追跡といった，別の具体的な事例との比較を必要としない検証方法をとることができる。これらの方法を使う場合，たとえ明確な比較ができる事例を選択できなくても何の問題もない。

頁）と警告する。かれらは，そうした分散が必要なのは「あまりにも自明であると思われるため，ほとんど考慮しなくてもよいと考えられがちである」(pp.129，邦訳155頁）と断言し，そうした分散のない研究デザインに対する「対処法は簡単である。単にそうした事例を避ければよいのである！」(pp.129-30，邦訳157頁）と結論づける。この見解への批判としては，Ronald Rogowski, "The Role of Scientific Theory and Anomaly in Social Scientific Inference," *American Political Science Review* 89 (June 1995): 467-70 がある。ロガウスキー（Rogowski）はキング，コヘイン，ヴァーバの事例に対する制限は「社会科学的研究のむだで能率の悪い方法であり」，こうした制限に従うことは「社会科学的研究を活気づけるというよりもむしろ麻痺させる」(p.470) と記している。ゲディス（Geddes）とキング，コヘイン，ヴァーバに関しては，David Collier and James Mahoney, "Insights and Pitfalls: Selection Bias in Qualitative Research," *World Politics* 49 (October 1996): 56-91 も参照のこと。

60 たとえば，レイプハルト（Lijphart）は単一事例研究（single-case studies）のなかの「暗黙の比較」の性質に言及している。"Comparative Politics and the Comparative Method," pp. 692-93.

61 したがって，ゲディスがいうところのまちがっている学者たちがまちがっている理由は，重要な独立変数，たとえば，かれらが研究する労働者への抑圧の激しさの世界での標準的なレベルを誤解していることである。

62 一致手続き法と過程追跡については，本書第2章の「事例研究を使った理論の検証」の節を参照のこと。

5. 「分析のためには測定しやすい概念を含む理論を選ぶこと」。学者のなかには，答えやすい問題を重点的に扱うことを勧める者がいる[63]。この基準は理にかなっていないわけではない。なぜならば，根本的に知ることのできないことは，研究してもむだなので避けるべきだからである。しかし，もっと危険なのは，探しているものが暗闇にあり努力すれば見つかるにもかかわらず，むやみやたらと「灯（あか）りの下を探すこと」である。社会科学では，すでにかなりの程度研究の焦点が重要なものから観察しやすいものへと移ってしまっていて，いつのまにか些細なものへと関心が移っている[64]。たとえば，アインシュタインの相対性理論は，検証困難であることが明らかであった。では，かれはこの理論の考案をやめるべきであったのか。答えることがむずかしいからといって，論理的につぎに導かれるはずの疑問への取り組みを研究者が尻ごみするとき，科学プログラムの構造は歪められる[65]。よりよい解決策は，観察しにくい問題を研究するという困難な仕事を引き受ける学者には，とりわけ高い評価を与えることである。

6. 「反実仮想分析は理論を検証するのに利用できる観察の数を増やすことができる」。ジェームズ・フィアロン（James Fearon）がこの主張を展開している[66]。しかし，反実仮想の論述は経験的観察の代替物にはならない。ただ，つぎのように説明をわかりやすくすることはできる。「わたしは x が y を引き起こしたと主張する。わたしの主張をわかりやすくするために，x が存在

---

[63] キング，コヘイン，ヴァーバは以下のように警告している。「観察できない概念よりも，観察できる概念を用いるべきであるということを意味する。社会科学においては，抽象的で観察できない概念がしばしば用いられる。たとえば，効用，文化，意図，動機，自己認識，知性あるいは国益といったものがそれである」が，「これらの言葉が，あるいは少なくともその含意が，観察したり測定したりできるように定義されないと，抽象的な概念はその理論（中略）を経験的に検証するときに障害となる」(pp. 109, 邦訳 131-32 頁)。

[64] たとえば，過去数十年分の『アメリカ政治学レビュー (*American Political Science Review*)』誌を見るとよい。

[65] さらに，当分のあいだはむずかしい検証であっても，新しい検証方法が開発されたり，新しいデータが出てきたりすることによって実行可能になるかもしれない。たとえば，スターリン時代のクレムリン（ソ連政府）の行動に関する理論はソ連崩壊以前には検証することがむずかしかったが，ソ連崩壊以後はより容易に検証できるようになった。このことは困難な問題であっても，それを研究テーマとして持ち続けておくべきもう 1 つの理由である。

[66] James D. Fearon, "Counterfactuals and Hypothesis Testing in Political Science," *World Politics* 43 (January 1991): 171 など。

しない世界のイメージを説明する」といった具合である。また，反実仮想の論述は，研究者の頭のなかに埋もれていた仮説を顕在化させることにも役立つ（本章の「理論はどのようにしてつくられるのか」の節を参照）。しかし，反実仮想の論述はデータではないため，理論を検証するための経験的データの代わりにはならない。

第 2 章

事例研究とは何か
――何をどのように進めればよいのか――

　事例研究の方法については，ここ数年で多くの文献が公刊されたものの[1]，それらはいまだにまばらである。事例研究のための研究デザインをすべて一覧にしたカタログはまだない[2]。ありとあらゆる事例研究のデザインに対する考え方を網羅している教科書などはない[3]。事例研究の方法に関する初学者のた

---

[1] 事例研究に関する文献について参考になる概説としては，以下のものがあげられる。David Collier, "The Comparative Method," in Ada W. Finifter, ed., *Political Science: The State of the Discipline*, 2d ed. (Washington, D.C.: American Political Science Association, 1993), pp. 105-20. 事例方法に関する画期的な文献としては，以下のものがある。Alexander L. George and Timothy J. McKeown, "Case Studies and Theories of Organizational Decision Making," in *Advances in Information Processing in Organizations* (Greenwich, Conn.: JAI Press, 1985), 2: 21-58; Arend Lijphart, "Comparative Politics and the Comparative Method," *American Political Science Review* 65 (September 1971): pp. 682-93; Harry Eckstein, "Case Study and Theory in Political Science," in Fred I. Greenstein and Nelson W. Polsby, eds., *Handbook of Political Science*, vol. 7, *Strategies of Inquiry* (Reading, Mass.: Addison-Wesley, 1975), pp. 79-137 および Robert K. Yin, *Case Study Research: Design and Methods*, 2d ed. (Thousand Oaks, Calif.: Sage, 1994)（近藤公彦訳『ケース・スタディの方法［第 2 版］』千倉書房, 1996 年）。ジョージ (George) による踏み込んだ議論としては，Alexander L. George, "Case Studies and Theory Development" (paper presented to the Second Annual Symposium on Information Processing in Organizations, Carnegie-Mellon University, Pittsburgh, Pa., October 15-16, 1982) がある。それより前のジョージの見解としては，Alexander George, "Case Studies and Theory Development: The Method of Structured, Focused Comparison," in Paul Gordon Lauren, ed., *Diplomacy: New Approaches in History, Theory, and Policy* (New York: Free Press, 1979), pp. 43-68 がある。そのほかの事例研究に関する著作は参考文献にあげている。

[2] Yin, *Case Study Research*, pp. 18-19（近藤訳『ケース・スタディの方法』26-27 頁）。

[3] Ibid., p. 18（邦訳 26 頁）。このような教科書に向けた有用なステップとしては，Yin, *Case Study*

めのくわしい解説書は存在せず，社会科学の方法論についての多くの教科書は，事例研究を少しだけ扱うか省略してしまうかのどちらかである[4]。そのため，この章では以下，既存の文献にある考察や示唆を抽出し，くわしく述べ，的確なものにする。ここではとくに，事例研究の方法を評価することと，事例研究の初学者に実践的なやり方（ノウハウ）を提供することにしたい。

■ 事例研究の視点

第1章で述べたように，理論を検証するための方法は基本的に2つあり，それらは実験と観察である[5]。観察による検証はさらに2つに分かれ，統計分析を行う定量的な多数事例研究（large-n）と少数の事例を精査する定性的な事例研究（case study）である。したがって，基本的な検証方法は全部で3つある。すなわち，実験，多数事例分析を用いた観察，事例研究分析を用いた観察である。

どの検証方法が最良なのだろうか。事例研究はほかの方法よりも劣るのだろうか。

Research（近藤訳『ケース・スタディの方法』）およびGarry King, Robert O. Keohane, and Sidney Verba, *Designing Social Inquiry: Scientific Inference in Qualitative Research* (Princeton: Princeton University Press, 1994)（真渕勝監訳『社会科学のリサーチ・デザイン――定性的研究における科学的推論』勁草書房，2004年）がある。

4 Yin, *Case Study Research*, pp. 13, 18-19（近藤訳『ケース・スタディの方法』18, 26-28頁）; Jennifer Platt, "'Case Study' in American Methodological Thought," *Current Sociology* 40 (Spring 1992): pp. 42-43. 事例研究の方法をわずかでも扱っている著作には，Earl Babbie, *The Practice of Social Research*, 7th ed. (Belmont, Calif.: Wadsworth, 1995)（渡辺聰子監訳『社会調査法』全2巻，培風館，2003-5年），Julian L. Simon and Paul Burstein, *Basic Research Methods in Social Science*, 3d ed. (New York: Random House, 1985); Kenneth D. Bailey, *Methods of Social Research*, 4th ed. (New York: Free Press, 1994); David Dooley, *Social Research Methods*, 3d ed. (Upper Saddle River, N. J.: Prentice-Hall, 1995)およびNorman K. Denzin, *The Research Act*, 3d ed. (Englewood Cliffs, N. J.: Prentice-Hall 1989)がある。バビー（Babbie）が事例研究に言及するのは1度だけである（p. 280, 邦訳2巻88-89頁）。サイモンとバースタイン（Simon and Burstein）は事例研究に2頁しか割いていない（pp. 37-38）。ベイリー（Bailey）がこのテーマに触れているのは3頁のみである（pp. 301-3）。ドゥリィ（Dooley）は「定性的研究」について1章を設けている（pp. 257-74）が，事例研究には直接言及していない。

5 第1章の「理論を検証するにはどうすればよいのか」の節を参照のこと。

第 2 章　事例研究とは何か

　社会科学者は長いあいだ，以下の 2 つの理由で事例研究はこれら 3 つの検証方法のなかでもっとも弱いものだと考えてきた[6]。第 1 に，事例研究は，撹乱をもたらす第 3 の変数による影響を制御する機会がもっとも少ないと主張する研究者がいる。この見方によれば，実験が最良の方法である（実験では，研究者はほかの条件を一定にして実験対象の集合に 1 つだけ刺激を加えるというやり方で，検討されていない別の変数，すなわち欠落変数（omitted variables）が影響を及ぼす可能性を排除できる）。多数事例分析は次善の策である。なぜならば，研究者は特定の欠落変数の影響を制御するために偏相関（partial correlations）を求めることができるからであり，多くの事例を無作為に調べることによってほかの欠落変数が影響している可能性を少なくする効果に期待できるからである。単一の事例研究もしくは少数の事例研究は，データポイントがあまりに少ないためデータは無作為に抽出されず偏相関を求めることは不可能であるから，もっともよくない[7]。

---

[6] たとえば Yin, *Case Study Research*, pp. 9-11（近藤訳『ケース・スタディの方法』13-15 頁）を参照。ここでイン（Yin）は「事例研究の仕方・方法への伝統的な偏見」と多くの研究者による「この（事例研究の）仕方・方法への軽蔑」に言及している（p. 9，邦訳 13 頁）。さらにインが述べているように，社会科学の方法論の教科書において事例研究の方法を無視もしくは省略することは，このような軽蔑の表れである。すなわち，「大半の社会科学の教科書は，事例研究の方法を正式の研究の仕方・方法とはまったくみなしていない」（p. 13，邦訳 17 頁）のである。同じくランディ・ストーカー（Randy Stoecker）も事例研究が社会学者のあいだで不評であるとし，かれらが「事例研究はジャーナリズムよりは多少マシな程度のものとしかみていない」と述べている。Randy Stoecker, "Evaluating and Rethinking the Case Study," *The Sociological Review* 39 (February 1991): 88. Jacques Hamel with Stéphane Dufour and Dominic Fortin, *Case Study Methods* (Newbury Park, Calif.: Sage, 1993), pp. 18-28 も参照のこと。

[7] レイプハルト（Lijphart）とスメルサー（Smelser）は，この見方をさらに発展させている。以下の文献を参照のこと。Lijphart, "Comparative Politics and the Comparative Method," pp. 683-84, そして Neil J. Smelser, "The Methodology of Comparative Analysis," in Donald P. Warwick and Samuel Osherson, eds., *Comparative Research Methods* (Englewood Cliffs, N. J.: Prentice Hall, 1973), pp. 45, 57. Collier, "Comparative Method," pp. 106-8 はレイプハルトの議論を要約している。ほかに Donald T. Campbell and Julian C. Stanley, *Experimental and Quasi-Experimental Designs for Research* (Boston: Houghton Mifflin, 1963), p. 6 も参照のこと。ここでかれらは，単一の事例研究は「もっとも科学的価値がないもの」であると主張している。しかしキャンベル（Campbell）はのちに発言を撤回している。Donald T. Campbell, "'Degrees of Freedom' and the Case Study," in Donald T. Campbell, *Methodology and Epistemology for Social Science: Selected Papers* (Chicago: University of Chicago Press, 1988, first pub. 1974), pp. 377-88 を参照のこと。この撤回については，Collier, "Comparative Method," p. 115 で言及されている。

しかしながら、このような事例研究に対する批判は公正なものではない。事例研究には、欠落変数から受ける影響を制御するための、かなり強力な方法が2つある。第1に、ある事例内での分散の予測を検証すること（すなわち、複数の「一致手続き法（congruence procedure）」[8]あるいは「過程追跡（process-tracing）」の方法論[9]を用いた検証）は、単一の事例であるがゆえに背景条件が均質であるという特徴を利用することで強力な制御になる[10]。ほとんどの事例において背景となる条件は、ほぼ完全に均質なものであり、多くの事例では独立変数（IV）と従属変数（DV）の値を数多く観察することが可能である。事例の条件が均質であれば、独立変数の値と従属変数の値のあいだに観察された事例内の共分散を引き起こした原因としての第3の変数の影響を割り引いて考えることができる（つまり、均質の背景条件をもつ事例は第3の変数を一定に保つことによって、それらの影響を制限するなかば制御された環境をつくりだす）[11]。

第2は、研究変数（SV）の値が極端な（すなわち、極端に高いか低い）研究事例を選択することにより、欠落変数の影響を制御することができる。この方法であれば、検証対象になっている理論から予測される結果を独立変数のか

8　複数の一致手続き法においては、研究者は、検証の対象となっている仮説の独立変数と従属変数の観察された値と予測された値が一致するか否かを明らかにするために、事例を探究するにあたり数回かそれより多くの測定を行うのである。本章の次節の一致手続き法に関する議論を参照のこと。理論を十分に検証するためには、独立変数と従属変数の値同士、独立変数と媒介変数の値同士、媒介変数（が複数ある場合は、それぞれ）の値同士、媒介変数と従属変数の値同士、それぞれが一致するのか否かを明らかにすることになろう。

9　「過程追跡」については、George and McKeown, "Case Studies and Theories," pp. 34-41; George, "Case Studies and Theory Development" (1979), pp. 18-19 および本章の次節における過程追跡の議論を参照のこと。ジョージとマキューン（George and McKeown）は「過程追跡」を「多様な初期条件を転換して結果を生み出す決定過程」を追跡するという意味で使っている。"Case Studies and Theories," p. 35. わたしは過程追跡をより広義にとらえ、多様な初期条件を転換して結果を生み出す因果プロセスなら何でも追跡することという意味で使っている。したがって、わたしの定義には、決定過程と決定を含まない因果プロセスの両方の追跡が含まれる。ジョージとマキューンが使っている狭義の定義を指すものとして、「決定過程の追跡（decision-process tracing）」という用語をあてておくのがよいだろう。

10　一致手続き法と過程追跡によって可能になる制御については、Campbell, "'Degrees of Freedom' and the Case Study," p. 380 で言及されている。

11　このロジックは、独立変数と媒介変数、媒介変数と媒介変数、あるいは媒介変数と従属変数、さらに独立変数と従属変数のあいだのいかなる因果関係の仮説の分析にも適用できる。

わりに生み出してしまう第3の要因の数を極力減らすことができ，欠落変数によって検証を通過したと説明できてしまう可能性を低くする[12]。

事例研究に対する2つめの批判，すなわち「ある事例研究から得られた結果はほかの事例に一般化することができない」というものは批判としてはより理解できるが，これは単一の事例研究にしかあてはまらない。単一の事例からなる研究は，理論の先行条件（その作用を活性化するか拡大する背景条件）[13]を明らかにするものとしては，粗末な実験室で研究するようなものである。なぜならば，先にも述べたように，ほとんどの事例はほぼ同質な事例条件の背景しか提供しないからである。事例が1つだと先行条件が変化しないため，先行条件が変化すればおのずと現れるはずの従属変数の変化が引き起こされないのでこの均質性は理論が必要とする先行条件の作用を覆い隠してしまう。したがって，単一の事例研究を難なく通過した理論は，まれにしかない必要な先行条件が含まれていたにすぎなかったのかもしれないので説明範囲は狭い[14]。しかし，1つか2つの事例しか分析しない研究者は，こうした弱点に気づかないままの可能性がある（したがって，事例研究の方法の強みは弱みでもある。事例の背景条件の均質性は，第3の変数の影響を制御するだけでなく先行条件も覆い隠してしまう）。先行条件の存在と重要性は，多数事例の研究からよりいっそう明らかになる。多数事例の研究では，これらの先行条件が欠けている事例は，理論が予測する結果を引き起こさず，理論の原因のみを示す特異値の事例とし

---

12 この手法については，本章の次節におけるタイプ1の一致手続き法の議論を参照のこと。事例研究において，欠落変数の影響を制御する3つ目の手段は，ジョン・スチュワート・ミルの「差異法 (method of difference)」を用いた，制御された比較 (controlled comparison) の方法にみられる。しかしこれはかなり弱い手法である。この点については，本章の次節における制御された比較の議論を参照のこと。
13 先行条件が通用する範囲を定めたり測定したりするプロセスは，しばしば理論の「外的妥当性 (external validity)」を検証するという用語で表される。この意味は「理論が一般化できる領域を設定する」検証ということである。Yin, *Case Study Research*, p. 33（近藤訳『ケース・スタディの方法』46頁）．外的妥当性の検証は，事例を説明できる理論の能力という問題を扱う「内的妥当性 (internal validity)」の検証とは，相違するものである。Yin, *Case Study Research*, pp. 33, 35-36（近藤訳『ケース・スタディの方法』46, 48-50頁）および Collier, "Comparative Method," p. 113 を参照のこと。わたしがこれらの2つからなる分類を避けているのは，重要な第3のタイプの妥当性，すなわち事例において理論が検証を通る能力を見落としているからである。
14 説明範囲については，第1章の「よい理論とは何か」の節における理論の説明能力の議論を参照のこと。

て現れる。特異値が存在するということは、その理論が作用するのに特別な条件を必要としていることを示している。すなわち、これらの特異値を研究すれば、理論の特別な条件を見つけることができる。単一事例の研究では先行条件を明らかにする類似の方法は存在しない。しかしながら、これらの先行条件はより多くの事例研究を行うことにより明らかにできるため、この事例研究の方法の弱点は補うことができる[15]。

事例研究の方法には、この弱点を相殺する2つの強みがある。第1に、事例研究を使って行われる検証は強力であることが多い。なぜならば、検証された予測はかなり独自なもの（これらの予測はすでに知られているほかの理論ではできないもの）だからである[16]。具体的にいえば、事例研究では、政策決定者の私的な発言や著作についての予測を検証することが可能になる。これらの予測は、その理論特有のものであることが多い。すなわち、ほかのいかなる理論でも同じ思考や論述を予測することはできない。そのような予測が正しいと確認することは、検証対象の理論の強力な裏づけになる。事例研究はこのような証拠をつかむには最適の方式である。したがって、事例研究は政治理論を論証したり反証したりするためのきわめて決定的な証拠を提供できる。このような証拠の方が、多数事例研究から得られた証拠よりも決定的なものであることが多い。

第2に、独立変数が・ど・の・よ・う・にに従属変数を引き起こすかを示す説明を推察したり検証したりすることは、多数事例の方法より事例研究の方法の方がしばしば行いやすい。事例研究の証拠が仮説を支持するのであれば、研究者はさらに事例を調べることにより、仮説の作用のくわしい説明を演繹したり検証したりすることができる。もっとも重要なことは、「過程追跡」すなわち、初期の事例条件が変換されて事例の結果が生み出される過程を調査することができる点にある。理論はどのように働くのであろうか。それは過程を追跡することでわ

---

[15] 事例研究において先行条件を推察して検証する方法については、本章の後半で論じる。
[16] 第1章で述べたように、独自の予測（すでに知られているほかの理論からはできない予想）を評価する場合、検証は強力である。なぜならば、独自の予測はその理論の働き以外からは、それが実現することを説明できないからである。確実な予測（疑う余地もなく理論が妥当であれば必ず実現する予測）を評価する場合も、これらの検証は強力である。強力な検証と弱い検証に関しては、第1章の「強力な検証か弱い検証か」の節と本章の「強力な検証か弱い検証か」の節を参照のこと。

かる。一致手続き法も説明の中身を明らかにすることができる（過程追跡と一致手続き法については後述する）。いずれの方法とも，最初に事例を研究したあとで実行すると格段に容易になる。なぜならば，その事例に関する地味で骨の折れる作業，すなわち事例の背景の確定や年表作成の作業などがすでに終わっているからである。対照的に，多数事例により仮説を検証しても，仮説の説明を成り立たせている因果プロセスについて，新しい洞察が得られることはほとんどもしくはまったくない。また，その因果プロセスの説明を推察したり検証したりするのに使えるようなデータも生み出さない。総じて，多数事例の方法は，なぜ仮説が成り立つのかという理由よりも，仮説は成立するか否かについてより多くのことを示す。他方，事例研究は，なぜ仮説が成り立つかという理由をより多く示す。

　したがって，事例研究の方法は理論を検証する強力な方法である。理論は妥当なのだろうか，理論はどのように作用するのだろうかといった問いについては，単一の事例研究であっても明確な答えを提供することが可能である。単一の事例研究では理論の先行条件を見つけることはあまりできない。理論はどのくらい広い範囲の事例に通用するのだろうかという点については，事例研究を数回行わない限り，ほとんど何も示せない。

　実験，多数事例研究，事例研究のうち，どの調査の方法がより優れているのだろうか。その答えは，われわれの研究領域で扱う問題の性質とデータの組成にかかわる。実験が実行可能であるならば（ただし社会科学ではほとんどありえない），それが最良だろう。主要仮説を検証したいのであれば，あるいはくわしく記録された事例が多ければ，多数事例研究が最良であろう。説明仮説を推論あるいは検証したいのであれば，もしくは事例の記録の程度に差がある，つまり，いくつかの事例はくわしく記録されているものの，多くの事例は詳細がよく記録されていないのであれば，事例研究が最良かもしれない。「どの方法が最良であるか」という質問に一律の答えは存在しない。

■ 事例研究を使った理論の検証

　事例研究は 5 つの主要目的にかなうものである[17]。それらの目的とは，理論を検証すること，理論を構築すること，先行条件を明らかにすること，それらの先行条件の重要性を検証すること，本質的に重要な事例を説明することである。最初の 4 つの目的は論理的に同じものであり，同じ基本的な方法を用いて目的を達成できる。それぞれの目的は個別に議論するに値するのだが，この点についてよく知っている読者は，本節を読んだあと，「事例の説明」の節まで飛ばして読んで構わない。

　事例研究には，理論を検証するための 3 つの方式がある[18]。それらは，制御された比較（controlled comparison），一致手続き法（congruence procedures），過程追跡（process tracing）である。制御された比較とは，理論を検証するために複数の事例のあいだで比較観察を行うことである。一致手続き法には 2 種類ある。1 つは理論を検証するために複数の事例のあいだでの比較観察を用いるものであり，もう 1 つは事例内観察を用いるものである。過程追跡では，事例内観察を用いて理論を検証する。一致手続き法と過程追跡は制御された比較よりも強力な検証方法である（3 つの方法はすべて理論構築や先行条件の推察と検証にも用いられる）。

　それぞれの検証方式では，どれを行うにせよ，以下の 3 つの同じ段階を踏んでいくべきである。すなわち，(1)理論を提示して，(2)理論が妥当である場合に

17　これらの目的は重なるものであり，いくつか（たとえば，事例を説明することや理論を構築することと理論を検証すること，先行条件を明らかにすることと検証すること）はしばしば同時に追究することができるし，またそうするべきものである。事例研究の方式に関するほかの類型は，Lijphart, "Comparative Politics and the Comparative Method," を参照のこと。かれは事例研究を 6 つのタイプに区別している（p. 691）。それらは，(1)非理論的，(2)解釈中心，(3)仮説構築，(4)理論の確証，(5)理論の反証，(6)逸脱である。レイプハルトの区分のうち 5 つは筆者の区分のうちの 3 つと一致する。かれの区分による研究タイプの(4)と(5)は理論検証研究，(2)は事例説明研究，(3)と(6)は理論構築研究にあたる。レイプハルトのいう(1)の研究タイプは記述型の歴史のことであり，わたしがここで考えていない研究タイプである。わたしがこの章の後の方で考察している，先行条件を明らかにする研究や条件を検証する研究をかれは扱っていない。

18　理論検証の事例研究は，「理論の確証」・「理論の反証」研究としても知られている。Lijphart, "Comparative Politics and Comparative Method," p. 692.

事例で観察されるべきことや，理論がまちがっている場合に事例で観察されるべきことについての期待を示して，(3)期待と観察が一致するのか否かを確かめるために（諸）事例を調べる，ということである。

制御された比較

制御された比較では[19]，研究者は2つかそれ以上の事例をペアにして観察を行い，ペアにした事例における変数の値が検証対象の理論の予測と一致するか否かを問う。たとえば，事例Aの方が事例Bよりも独立変数の値が高いのであれば，従属変数の値も事例Aの方が事例Bよりも高くなるはずである。したがって，事例Aの方が事例Bよりも実際に従属変数の値が高いのであれば，理論は検証に通過することになる。従属変数の値がいっそう高ければ，このことは理論が相当重要であること，すなわち独立変数の値の変化が従属変数の値を大きく変化させるであろうことを示している。従属変数の値がほんの少ししか高くないのであれば検証には通過するものの，この結果は，理論がほとんど重要でないことを示している。

事例選択はジョン・スチュアート・ミルの「差異法」もしくは「一致法」にならっている[20]。差異法において，研究者は同じような一般的特徴をもちながらも研究変数（われわれがその原因あるいは結果を確定しようとしている変数）の値が異なる複数の事例を選択する。研究変数（結果）の原因を確定したいのであれば，研究者は，その研究変数の値が，原因であるかもしれない変数の値に対応して変化するかどうかを複数の事例で問う。研究変数（原因）の結果を確定したいのであれば，研究者は，その研究変数の値が，結果であるかもしれない変数の値に対応して変化するかどうかを複数の事例で問う。いずれの場合も，類似の事例をとりあげることで第3の変数の影響を制御する。つまり，

---

19 George and McKeown, "Case Studies and Theories," pp. 24-29 および Collier, "Comparative Method," pp. 111-12 で議論されている著作を参照のこと（"Focus on Comparable Cases" に関する節）。

20 John Stuart Mill, *A System of Logic*, ed. J. M. Robson (Toronto: University of Toronto Press, 1973), chap. 8, "Of the Four Methods of Experimental Inquiry," pp. 388-406（大関将一・小林篤郎訳『論理学体系Ⅲ』春秋社，1949年，第8章）。ジョージとマキューン（George and Mckeown）は "Case Studies and Theories," pp. 26-28 でミルについて論じている。

事例が類似すればするほど、検証の通過が第3の変数の作用では説明しにくくなる。

一致法において、研究者は一般的特徴が異なりながらも研究変数が同じような値を示す事例を複数選択する。そして研究者は、研究変数の値が結果（原因を明らかにしたいのであれば原因）を表しているかもしれない変数の値に対応して変化するかどうかを複数の事例で問う。

制御された比較はもっともなじみのある事例研究の方法であるが、もっとも弱い方法でもある。社会科学において、ペアにした事例の特徴が（差異法で必要とされるほど）ほとんど同じであることなど決してないので、差異法は弱いのである。ペアにした事例はたいてい（一致法で必要とされるほど）特徴が全般的に異なる状況にはほど遠いので、一致法はさらに弱い[21]。

一致手続き法

一致手続き法を用いる場合[22]、研究者は、観察された独立変数の値と従属変数の値が、検証対象の仮説により予測された値と一致するか否かを明らかにするために事例を調べる。一致手続き法では以下の2種類が用いられる。

1. タイプ1の一致手続き法：典型的な値との比較 研究者は、特定の事例内の独立変数と従属変数の値を観察し、さらにほかのほとんどの事例にみられる独立変数と従属変数の典型的な値を確かめるために（別の事例研究は行わずに）実世界を観察する。つぎに研究者は、これらの観察と検証対象の理論から、研究している事例において独立変数と従属変数に相当すると期待される値を演繹して、期待と観察が一致するか否かを測定するのである。たとえ

---

21 制御された比較についてのこれらを含むその他のむずかしさは、George and McKeown, "Case Studies and Theories," p. 27 および Stanley Lieberson, "Small *N*'s and Big Conclusions: An Examination of the Reasoning in Comparative Studies Based on a Small Number of Cases," *Social Forces* 70 (December 1991): 307-20 において述べられている。

22 一致手続き法については、Alexander L. George, "The Causal Nexus between Cognitive Beliefs and Decision-Making Behavior: The 'Operational Code' Belief System," in Lawrence S. Falkowski, ed., *Psychological Models in International Politics* (Boulder: Westview, 1979), pp. 105-13, および George and McKeown, "Case Studies and Theories," pp. 29-34 を参照のこと。

ば，ある事例において，独立変数の値が実世界での典型的な標準を上回るのであれば，理論が正しい場合，従属変数の値も標準を上回るはずである[23]。従属変数の値が実際に標準を上回るのであれば，理論は検証に通過するということになる。従属変数の値が標準をはるかに上回るのであれば，このことはその理論がかなり重要であり，独立変数の値の変化が従属変数の値の大きな変化を引き起こすことを示している。従属変数の値がほんの少しだけ標準を上回るのであれば，この場合も検証には通るが，理論の重要性はほとんどないことを示唆している。

たとえば，「経済低迷はエスニック・マイノリティへの責任転嫁を引き起こす」という仮説を検証するには，経済低迷の事例（たとえば1930年代のアメリカの大恐慌）を調べて，そうした事例において，エスニック・マイノリティへの責任転嫁が実世界での標準を上回るかどうかを問うことである。あるいは，経済繁栄の事例（たとえば1960年代のアメリカ）を調べて，エスニック・マイノリティへの責任転嫁が実世界での標準を下回るかどうかを問うことである。

では，どのようにして標準的な独立変数の値と従属変数の値を確かめればよいのだろうか。しばしば，事象の背景の標準的な水準がどのようなものであるかは常識の問題である。たとえば，1930年代のアメリカ経済が典型的な現代の産業経済よりも深刻な恐慌におちいっていたことは，新しい研究を行ってそれを証明するまでもなくわかっていることである。われわれは，ナチス・ドイツとスターリンのソ連が典型的な現代の産業国家よりも残忍であったことを知っているし，事例研究において，これらの国家の行動を現代の産業国家の典型的な行動と問題なく比較できる。われわれは，1914年のヨーロッパにおいて，エリートのあいだで他国の征服は可能であるという信念が，歴史上の平均を上回るほど強かったことを知っている。しかしながら，常識があやういか信頼できないものであるならば，典型的な値を設定するための研究が必要である。

タイプ1の一致手続き法は，研究変数の値が極端（に高いか低いか）であ

---

23 独立変数の値が標準を下回る場合，従属変数の値も標準を下回るはずである。

る事例を選択する場合，もっともうまくいく。たとえば，「経済の低迷はエスニック・マイノリティへの責任転嫁を引き起こす」という仮説を検証するためには，アメリカやヨーロッパのそれほど深刻ではなかった不況ではなく，1930 年代のアメリカ（極端にひどい恐慌）を調べてみることである。「他国は簡単に征服できるという信念は戦争を引き起こす」という仮説を検証するためには，（そのような信念が極端に広まっていた時代である）1910 年から 14 年のヨーロッパを，より標準的だった時代のかわりに調べてみることである[24]。研究変数が極端な値を示す事例は，それらの変数について理論が独自で確実な予測を立てるので，検証にとってよい実験室なのである。このため，より強力な検証が可能になる。理論の原因事象が極端にたくさん存在する事例では，その理論の（媒介変数と従属変数の両方を含む）結果もたくさん存在するはずである。同じように，原因が異常なほど少ないのであれば，その結果も少ないはずである。こうした極端な結果が観察される場合，〔それは測定誤差から生じうると思われるかもしれないが，〕相当大きな誤差でないと観察された結果を引き起こすことはないので，こうした結果が測定誤差から生じることはまずないだろう。この観察結果は，第 3 の変数の作用によっても引き起こされそうにない。なぜならば，理論が予測する際立った結果を引き起こすほど，別の原因が強く作用することなどありそうにないからである。かりに何らかの第 3 の変数がその結果を引き起こすのならば，そうした状況はたくさんあるだろうから，その第 3 の変数は事例背景からはっきり目立つため，見つけ出すことが容易である。したがって，検証の成功を測定誤差や欠落変数で説明することは，より簡単に排除できる（言い換えれば，検証を経た予測はかなり独自なものなので，その検証は強力である）。

　もし予想された結果が観察できないとしても，測定誤差またはほかの変数

---

[24] 物理学からの例としては，アインシュタインの一般相対性理論を 1919 年 5 月 29 日の日食の写真で検証したことがあげられる。アインシュタインの理論は，重力が光の道筋を歪めると予測していた。そこで科学者たちは，かれらが見つけることができる最強の重力源である太陽に着目して，それが光の道筋を歪めるかどうか確かめたのである（日食の写真が用いられたのは，日食の暗闇によって太陽近辺の星が目に見えるようになったからであり，これにより科学者たちは，出現したそれらの星が太陽の重力によって別の場所に置き換えられたようにみえるかどうかを観察できるようになった）。言い換えれば，科学者たちは独立変数（重力）の値ができる限り高い事例を選択したのである。この検証については，本節の過程追跡の議論を参照のこと。

によって効果が相殺されたことがこの失敗を引き起こしたのではなさそうである。大きく目立つ結果が予測された場合，この結果は測定誤差や相殺する変数の存在いかんにかかわらず引き起こされたものであり，あらゆる測定誤差や相殺する変数を打ち消したはずである。さらに，相殺する変数はおそらくたくさん存在するはずであろうから，見つけ出すことは簡単である。したがって，目に見える強力な相殺する変数がない状態で理論が検証に失敗したならば，その理論は大きな疑問を残すことになる（言い換えれば，検証を経た予測はかなり確実なので，その検証は強力なのである）。

したがって，研究変数が極端な値を示す事例では，検証の成功や失敗は決定的な証拠になる。成功は仮説の強い裏づけになり，失敗は仮説の強い反証になる。

タイプ 1 の一致手続き法は，制御された比較の同類にあたるものである。両方とも複数の事例を比較することに依拠しており，単一事例内の比較ではない[25]。2 つの方法とも，検証が成功したのは第 3 の変数が作用した結果であるという可能性を弱めるための手段を提供する。それらの違いはこの可能性を弱める方法にある。制御された比較では，複数の事例における背景を一定に保つことにより，撹乱をもたらしそうな第 3 の変数の変化を事前に封じてしまうのである。したがって，この方法では複数の事例でともに変化する変数の範囲を狭くすることにより，撹乱をもたらしそうな変数の数を少なくする。対照的に「研究変数の値が極端」な事例を選択する方法が用いられる場合，タイプ 1 の一致手続き法では，理論が予測する結果を生み出すために欠落変数が与えなければならない衝撃を大きくすることにより，欠落変数を

---

[25] ジョージは一致手続き法（かれが意味しているのはタイプ 1 の一致手続き法）を事例内研究として記述している。なぜならば，かれは一致するか否かはほかの事例における典型的な値との比較によるのではなく，演繹により立証されると主張しているからである。具体的にいえば，かれはひとたび独立変数の値がわかると，検証対象の理論から従属変数として期待される値を演繹できると主張する。その後で，われわれはこうした期待が一致するか否かを観察された値で評価することになる。しかし，単一事例内において，従属変数として期待される値が独立変数や従属変数の典型的な値との比較により立証されるという考えをかれは見落としている。George, "Case Studies and Theory Development"(1982), p. 14. しかしながら，そのような演繹的な行為であれ，ほかの事例での典型的な値との比較やそれらの典型的な値に換算されて表される別の研究事例についての期待に依拠しているに違いないと思われる。したがって，これは事例間の比較に依拠しているということである。

めぐる問題が少なくなる。こうすれば，第3の変数がこの結果を生み出すほど十分な衝撃をもっている可能性を低くすることができ，またかりに第3の変数がこの結果を生み出すならば当然これらの変数は極端な値をとるので，変数自体に注目が集まるのは確実である。したがって，攪乱をもたらしそうな変数の数は，ここでは異なる方法を用いることによりさらに減るのである。

2. **タイプ2の一致手続き法：単一事例内における複数の比較**　研究者は，単一事例内におけるさまざまな状況において，独立変数の値と従属変数の値の両方の観察を数多く行う。つぎに研究者は，これらの値が，検証対象になっている仮説の予測どおりにともに変化するかどうかを評価する[26]。それらの値が共変すれば，検証に通ったことになる。従属変数が独立変数とともに変化する幅が大きければ大きいほど，理論の重要性は高くなる。

たとえば，「経済の低迷はエスニック・マイノリティへの責任転嫁を引き起こす」という理論を検証するのであれば，1929年から1941年のあいだのアメリカにおける大恐慌期に，周期的な責任転嫁の指標が一定の間隔で測定できるかどうかを調べてみることである。そして，それが測定できる場合には，1929年から33年までのあいだ，恐慌が深刻になるにつれて責任転嫁が広まるかどうか，そしてその後恐慌が収まるにしたがい責任転嫁が鎮まるかどうか，調べてみることである。

タイプ2の一致手続き法は，以下の2つの特徴をもつ事例を選択する場合にもっとも効果的である。(1)独立変数と従属変数の値を数多く観察できる場合，(2)独立変数または従属変数の値が，単一の事例内において，時間や場所を問わず（地域，制度，集団などの違いを問わず）急激に変化する場合，それらの両方またはどちらか一方の場合である。

数多くの観察ができる事例では，一致するか否かについてより多くの測定を行うことができるし，より多くの測定を行った検証はそれだけ強力であるから，検証のためのよりよい実験室である。

26　一致手続き法の概念をつくりだしたアレキサンダー・ジョージは，事例研究に関するさまざまな著作において，一致手続き法の1つのタイプとしての単一事例内における複数の比較には言及していない。しかし，かれの一致手続き法に関する議論は，複数の観察と比較が可能であることと矛盾していない。たとえば，George, "Case Studies and Theory Development" (1982), pp. 13-15, および George and McKeown, "Case Studies and Theories," pp. 29-34 を参照のこと。

独立変数の値または従属変数の値が広く分散する事例でも，理論はこれらの事例についてより独自かつ確実な予測を立てるため，検証のためのよい実験室である。たとえば，ある理論の独立変数の値が急激に変化するならば，従属変数の値も急激に変化するはずである。この急激な従属変数の値の変化は，測定誤差からは生じそうもない。こうなるには誤差が大きくなければならないうえに，独立変数とともに急激に変化する必要があるが，このようなことは同時に起こりそうもないからである。第3の変数による作用も原因にはなりそうにない。なぜならば，こうなるには第3の変数が A とともに急激かつ A と同じくらい際立って変化しなければならないからである。しかし，このようになる可能性はありそうにないし，そのような変数は事例において目立つだろうから，容易に見つかるはずである。したがって，測定誤差や欠落変数によって検証が成功したという説明はより簡単に排除できる。これと同じような理由で，測定誤差や欠落変数によって検証が失敗したという説明も排除できる。その結果，独立変数が急激に変化する事例では，検証は成功しても失敗しても決定的な証拠になる。成功は仮説を強く裏づけ，失敗は仮説を著しく弱めることになる。

　タイプ2の一致手続き法は単一の事例内における事例研究であるが，事例内における観察の数が増えれば増えるほど，そして変数の値として数値があてはめられると，ある段階で多数事例分析に変わっていく。たとえば，1994年のアメリカにおける選挙は，民主主義国家における議会選挙という，より一般的な事象の1つの限定的な事例であり，単一の事例としてのさまざまな特徴をもっている。また，この事例は，たとえば下院の435議席をめぐる競争のような，数値の形式で表せる何百もの観察が可能である。それらは研究対象にすることができ統計的に比較することができる。このような研究は，タイプ2の一致手続き法と多数事例分析の両方の側面を持ち合わせている。

　事例研究は原則として，タイプ1の一致手続き法とタイプ2の一致手続き法の組み合わせになりうる。分析者は1つの事例から数多くの観察を行うことができ，これらの観察をそれぞれ比較したり，これらの観察と典型的な値を比較したりすることができる。分析者は独立変数と従属変数を数多く観察できる事例や，独立変数または従属変数の値が極端な事例，それらの値が大

きく変化する事例を同時にすべて選択することもできる。

　両方のタイプの一致手続き法は，理論の主要仮説だけでなく説明仮説を検証するためにも用いることができる[27]。説明仮説を検証するためには，検証対象の説明仮説において変数の一方もしくは両方について複数の観察が可能な事例と，それらの変数が極端な値か著しく変化する値を示す事例の両方もしくはどちらかを用いるのが好ましい。

過程追跡

　過程追跡において[28]，研究者は出来事の連鎖経路を調べるか，初期の事例条件が事例の結果に変換されていく意思決定過程を調べる。独立変数と結果をつなげたものである原因と結果の連結が明らかにされ，より小さなステップに分けられる。つぎに，研究者はそれぞれのステップにおいて観察可能な証拠を探す。

　たとえば，「小惑星の地球への衝突が大量の種の絶滅を引き起こした」のならば，小惑星の衝撃と同じ時期の大量の種の絶滅を示す堆積物の記録のなかに，小惑星が引き起こした大量の種の絶滅のメカニズムの証拠が見つかるはずである。おそらく，衝突により溶解した岩が地球に降りそそぎ，地球規模の森林火事を誘発した結果，煙で空は暗くなり，日光は遮断され，地球は凍結したのだろう。もしそうであるならば，大量の種の絶滅を示す堆積物の記録には，溶解した岩が大量に大陸規模か地球規模で降りそそいだ痕跡やススの層，種が突如として大量に死滅した証拠といった，死滅の過程のそれぞれのステップを示す証拠が残っているはずである[29]。

27　理論が「$A \rightarrow q \rightarrow B$」と主張するならば，「$A \rightarrow B$」が理論の主要仮説であり，「$A \rightarrow q$」と「$q \rightarrow B$」は理論の説明仮説である。第1章の「理論とは何か」の節を参照のこと。

28　George and McKeown, "Case Studies and Theories," pp. 34-41 を参照のこと。また，King, Keohane, and Verba, *Designing Social Inquiry*, pp. 226-28（真渕監訳『社会科学のリサーチ・デザイン』267-70頁）も参照のこと。

29　6500万年前の恐竜の絶滅時期は小惑星の衝突の時期と一致しており，その当時の堆積物の記録に残された証拠は，こうした予測を確証している。Walter Alvarez and Frank Asaro, "An Extraterrestrial Impact," *Scientific American*, October 1990, pp. 79-82. 第1章の「具体的な出来事はどうやって説明できるのか」の節において，わたしは，この同じ証拠を具体的な出来事の説明を検証するのに使うことができると指摘した（恐竜絶滅の衝突理論）。このことは，同じ証拠で一般理論と具体的説明の両方を検証できることを明らかにしている。

同じように,「国家間のパワーの2極分布が平和を引き起こす」のならば,平和的な2極構造の場合に2極構造が平和を引き起こす因果関係の連鎖経路を形成する媒介事象の証拠が見つかるはずである。2極構造が平和であると主張する代表的な研究者のケネス・ウォルツ (Kenneth Waltz) は,2極構造が平和につながる事象を引き起こすことを示唆している。すなわち,敵対国との相対的なパワーについて政府が誤った楽観主義におちいりにくいこと,相手と協力しやすくなるとともに,それぞれが相手についてより早く学習することができ,それがゲームのルールの豊富さにつながること,それぞれが相手のパワーの増大に対して均衡をとったり,相手の攻撃的な動きを牽制したりするために,より迅速で効果的に（自らパワーを増大したり,他国と同盟関係を結ぶなどの）内的・外的行動をとることで抑止すること,愚かな人物が国家の政治指導者に選ばれにくいことである[30]。過程追跡による検証では,2極構造の事例（たとえば,1947年から89年までの冷戦）において,上記の事象の証拠を探し求めることになる。そして,こうした証拠が見つかれば,今度はそれらが2極構造に由来することの証拠（たとえば,この解釈に合う政策決定者の証言で動機や認識を明らかにするもの）を探し求めることになる。

　ある特定の刺激がある特定の反応を引き起こしたという証拠は,出来事が起こった順序とその仕組みと,行為主体がなぜそのように行動したのかという理由を説明する証言の両方かどちらか一方のなかに求められる。たとえば,「通商上の競争が戦争を引き起こす」のであれば,通商に利害をもつエリートが戦争を始めるよう圧力をかけたこと,この圧力の（前ではなく）後に政府の戦争決定がなされたこと,政府の決定がこの圧力を反映したものであることを政府当局者の日記や私信,回顧録などにある記述が示していることが,戦争勃発に関する事例研究で明らかにされるはずである。「広報活動が世論を形成する」のであれば,世論は広報活動のすぐあとに変化するはずであり,市民にインタビューすれば,かれらが広報活動のメッセージを受けとめ,それに応じて自分の意見を変えたということが明らかになるはずである。

30　Kenneth N. Waltz, *Theory of International Politics* (Reading, Mass.: Addion-Welsey, 1979), pp. 161-76. わたしが作成したケネス・ウォルツの仮説リストは不完全である。そのほかは同書を参照のこと。

過程についての予測はしばしば独自である。すなわち，ほかのいかなる理論も，同じパターンの出来事が起きたり行為主体が動機について同じ証言をすることを予測しない，ということである。したがって，過程追跡はしばしば理論に対する強力な検証になる[31]。それゆえに，1つの事例を徹底的に過程追跡することは理論の強力な検証になりうる。もっとも前述のように，研究者は理論が作用するためには，どのような先行条件が必要なのか依然として確信できないので，これらの条件を探し出すことは重要な作業として残される。これらの先行条件は，ほかの事例を調べることによってのみ見つけ出すことができる。それでもなお，過程追跡によって，理論の妥当性と少なくとも1つの事例を説明する理論の能力は，強く裏づけることが可能である。

理論は多くの因果関係のパターンを想定しており，それらのパターンにあわせて過程追跡を適応できる。(たとえば，絶滅についての小惑星の衝突理論のような) いくつかの理論は，単一の因果関係の連鎖経路を示している。

$$A \to p \to q \to r \to B$$

(ウォルツの戦争に関する極構造の理論のような) 別の理論は，複数の連鎖経路を示している。

$$\begin{array}{c} \to p \to \\ A \to \to q \to \to B \\ \to r \to \end{array}$$

完全な過程追跡とは，すべての連鎖経路のすべての連結部分の証拠を探し出すことである。

事例研究は，これらの4つの方式 (制御された比較，タイプ1の一致手続き法，タイプ2の一致手続き法，過程追跡) のいくつか，またはすべてを同時に行うことができる。同じ1つの事例研究において，ある1つの事例をミルの差異法にしたがって選ばれた別の事例と比較したり，典型的な条件と比較することもできる。また，単一の事例内で測定した独立変数と従属変数の値が時間や

---

31 換言すれば，過程追跡はしばしば「動かぬ証拠による検証」になる。第1章の「強力な検証か弱い検証か」の節を参照のこと。

場所を問わずともに変化するかどうかを確かめるために事例を調べたり，理論の説明仮説を裏づけるか反証する証拠を求めて事例を研究することもできる。

事例研究による理論の検証はどのくらい強力なのだろうか。科学者たちは，アルバート・アインシュタインの一般相対性理論をタイプ1の一致手続き法を用いた1回の単一の事例研究によりリアルタイムで検証した。それが1919年5月29日の日食の観察である。アインシュタインの理論は，重力が重力源の方向に光線を一定程度曲げると予測していた。それゆえに，この理論は日食のあいだは太陽の近くにある星の位置がずれて見えることを予測していた。すなわち，実際には太陽の背後にある星は太陽のそばに現れ，太陽の横にある星は太陽からさらに離れてみえるというように，この理論は一定程度の明らかな位置のずれを予測していた。しかも，こうした予測を立てた理論はほかにはなかった。このような1つの単一の事例研究による検証に通れば，その理論は広く受けいれられることになる。なぜならば，検証の対象になった予測は独自なもの，つまりその予測された結果を説明するのにほかに妥当な競合説明など存在しないからである。したがって，成功した検証は非常に強力である[32]。これと同じくらい独自の予測を信頼性のある方法により検証する事例研究は，どのようなものであれ，同じように決定的な結果を提供できる。社会科学の事例研究がこれほど決定的であることはまれであるが，この問題は社会科学のデータの

---

[32] これらの出来事の概要は，Albert Einstein, *Relativity: The Special and the General Theory: A Popular Exposition*, trans. Robert W. Lawson (New York: Crown Publishers, 1961), pp. 123-32で明らかにされている。科学者たちはこの事例研究をリアルタイムで行い，日食が起こったときに研究した。しかし，過去の日食の最中に太陽の近くにあった星の位置を示した写真があれば，かれらは過去の日食も同様に研究できたであろう。

物理学におけるもう1つの決定的なリアルタイムの事例研究（これはタイプ1の一致手続き法の研究でもある）は，1758年から59年にハレー彗星が戻ってきたときの観察であり，これはアイザック・ニュートンの重力理論を強力に支持するものであった。1705年，天文学者のエドムンド・ハレー卿はニュートン理論を適用して1758年から59年に彗星が戻ってくると予測したが，これがほぼ正確な予測だったことが明らかになったのである。Donald K. Yeomans, *Comets: A Chronological History of Observation, Science, Myth, and Folklore* (New York: John Wiley, 1991), pp. 118-19, 136. ニュートンの理論に反対する者たちは，この検証や1737年の地球の扁平率の測定という別のリアルタイムの事例研究の検証により，「ニュートン理論がいささかの疑いもなく確証された」とき，「沈黙するしかなかった」。J. Lévy, "The Solar System," in René Taton, ed., *The Beginnings of Modern Science: From 1450 to 1800* (New York: Basic Books, 1964), p. 438.

扱いにくさと社会事象の複雑さに起因するものであって，事例研究の方法に固有の弱さがあるからではない。

■ 事例研究を使った理論の構築

事例研究は以下の5つの主要な目的を果たすことができる。すなわち，理論を検証すること，理論を構築すること，先行条件を明らかにすること，これらの先行条件の重要性を検証すること，そして本質的に重要な事例を説明することである[33]。前節では理論の検証について論じた。そこで本節では理論の構築を扱うことにする[34]。

事例から新しい理論を推論するためには，事象のあいだに関連性を求めたり，事例を実際に経験した人びと（たとえば事例の当事者）からその事例に関する動機や確信を表す証言を求めて，事例を調べることからはじめる。これらの事象のあいだの関連性や事例にかかわった人たちの説明は，原因と結果を明らかにするうえでのヒントになることが多い。そして「これらの具体的な原因と結果は，どのような一般的事象の例であるのか」と考えてみることである。いったん原因と結果の候補を一般的な用語に表現できれば，研究者は，別の証拠に照らして検証できたり，ほかの事例に適用できる理論を得る。

研究者は事例研究から理論を推論するために，4つの基礎的方法を用いることができる。それらは，制御された比較，一致手続き法，過程追跡（これらはすべて前節で扱った），およびデルファイ法である。制御された比較は，理論を推論するために複数の事例で行った観察を比較する。一致手続き法と過程追跡は，単一の事例内で観察をして理論を演繹する。デルファイ法は事例の当事

---

[33] これらの目的は重なるものであり，いくつか（たとえば，事例を説明することや理論を構築することと理論を検証すること，先行条件を明らかにすることと検証すること）はしばしば同時に追究することができるし，またそうするべきものである。事例研究の方式に関するほかの類型については，脚注17を参照のこと。

[34] 理論の構築のための事例研究は，いわゆる「発見的（heuristic）」事例研究，「仮説を生み出すための（hypothesis-senerating）」事例研究，および「調査的（exploratory）」事例研究とも呼ばれる。Eckstein, "Case Study and Theory," pp. 104-8; Lijphart, "Comparative Politics and the Comparative Method," p. 692; Yin, *Case Study Research*, pp. 1, 3-4（近藤訳『ケース・スタディの方法』1-2, 4-6頁）.

者に意見を求めるものである。

制御された比較

　制御された比較では，ミルの差異法と一致法に従い，研究者はいくつかの事例のなかに見られる相違点や類似点から仮説を推論する。差異法では，研究者は，特徴は似ているが研究変数の値（われわれがその原因あるいは結果を探している変数）に差異があるいくつかの事例を調べ，これらの事例にみられる別の差異を探す。これらの事例にみられる別の差異は，（原因を見つけようとしている場合は）研究変数（結果）の原因となる可能性があるもの，あるいは（結果を見つけようとしている場合は）研究変数（原因）の結果となる可能性があるものと見なされる。研究者は，似たような事例をとりあげて，原因の候補となるものもしくは結果の候補となるものの数を絞り込む。事例が似ていれば似ているほど，原因の候補となるものも少なくなるからである。こうすることにより，本当の原因がより簡単に見つかる[35]。

　一致法では，分析者は，特徴は異なっているが研究変数の値は似ている複数の事例を調べ，これらの事例のあいだにある別の類似点を探す。これらの類似点は，変数の原因の候補または結果の候補と見なされる。

　差異法は，利用できる事例の特徴が同質である（ほとんどの事例においてほとんどのことが同じような）場合に好まれる。一致法は，利用できる事例の特徴が異質である（ほとんどの事例においてほとんどのことが異なる）場合に好まれる。

一致手続き法

　一致手続き法を用いる場合，研究者は事例内での研究変数とほかの事象のあいだの相関を求めて1つの事例を調べる。これらの事象は（研究変数〔結果〕の原因を明らかにしようとするのであれば）新しい仮説における独立変数，あるいは（研究変数〔原因〕の結果を明らかにしようとするのであれば）従属変数となる可能性があるものと見なされる。一致手続き法には以下の3つの具体

---

[35] たとえば差異法を使った理論構築については，第1章の脚注25を参照のこと。

的な方法が用いられる。

1. 研究者は「特異値を調べる」こと，すなわち，まだ知られていない原因が結果を説明するという前提に立ち，既知の原因ではうまく説明できない事例を調べる。具体的にいえば，研究事象は存在するが既知の原因が存在しない事例を探すことである。まだ見つけ出されていない原因がその事象を説明するに違いない。これらの原因事象は，その事例において標準以上に多く観察されるはずであり，研究変数とともに変化することが観察されるはずである[36]。
2. 研究者は，研究変数が極端に高い値か低い値を示す事例を選択して，標準以上か標準以下に存在する別の事象を求めて事例を調べる。この研究事象が多く存在する場合，その原因または結果も異常に多く存在するはずなので，事例背景からはっきり目立つはずである。この研究事象が存在しない場合，その原因または結果が存在しないことも目立つはずである。
3. 研究者は，事例内で従属変数が極端に分散する事例を選択して，この研究変数とともに変化する事象を求めて事例を探究する。この研究変数の値が著しく変化する場合，その原因または結果も著しく変化するはずであり，あまり動きのない事例背景から目立つはずである。

過程追跡

研究者は，事例の結果を生み出す因果プロセスを逆にたどって追跡し，その文脈からそれぞれの原因が何から引き起こされたのかについて，それぞれの段階において推論する。この逆戻りの過程追跡が成功すれば，研究者は主要な原因にたどり着く。

---

[36] 特異事例の研究は「逸脱」事例の研究としても知られている。Lijphart, "Comparative Politics and the Comparative Method," pp. 692-93. 特異値の研究の論理はジョン・スチュアート・ミルの「剰余法（method of residues）」の論理に従う。この方法については，Mill, *A System of Logic*, pp. 397-98（大関ほか訳『論理学体系Ⅲ』203-5頁）を参照のこと。

デルファイ法

　デルファイ法を用いる場合，研究者は仮説を立てるために，事例の当事者または事例を経験した者から意見を引き出す。事例を経験した者は，研究者が気がつかなかった記録に残されていない重要なデータを観察していることがよくある。直接観察しただけでは立てられない仮説を推論するには，かれらの記憶や判断を利用することである[37]。

■ 事例研究からの先行条件の推論

　上述したように単一の事例研究の弱点は，理論の先行条件，すなわち理論が作用するために必要であるか，その作用を拡大する背景条件を隠してしまうことである。しかしながら，これらの背景条件は，新しい事例を選んで調べて見つけ出すことができる。

　先行条件を推論するのにもっとも役に立つ方法は，以下の4つである（これらの方法は，まえに概説したように，理論を推論するための4つの方法に対応している）。

1. 制御された比較　研究者はミルの差異法を使い，いくつかの事例の性質のなかにある相違点または類似点から先行条件を推論する[38]。具体的にいえば，従属変数の値以外があらゆる面で，以前に研究済みの事例と似ている別の新しい事例を選んで調べることである。たとえば，以前に調査済みの事例で独立変数と従属変数が高い値を示していた場合，今回は独立変数の値は高いが従属変数の値は低く，それ以外の点では調査済みの事例と非常によく似た事例を調べることである。具体的には，「経済の低迷は貿易の停止を引き起こす」という仮説について，1929年から39年のヨーロッパを1つの（独立変数と従属変数の値が高い）事例として検証するのであれば，つぎに，経済の

---

[37] デルファイ法による理論構築の例については，第1章の脚注27を参照のこと。デルファイ法が理論の検証あるいは説明の検証の方法として確たる地位を得ていない理由の1つは，デルファイ法の専門家がとった発見のプロセスを再現することができないからである。
[38] 一致法はあまりに弱い方法なので考慮する必要はない。

低迷が貿易の停止なくして起こった事例を探すことである。このような独立変数の値は高いが従属変数の値は低い事例を見つけることができなければ，それは理論が作用する条件がたくさんあることを示しており，その理論には広い適用範囲（または「外的妥当性〔external validity〕」）がある。このような事例を見つけたら，それらを調べて以前に調査済みの事例との差異を明らかにすることである。重要な先行条件は事例のあいだの差異として現れる。

2. **一致手続き法** 研究者は，事例において予測された従属変数の値と観察された従属変数の値の差を測定し，つぎにその差の大きさがその事例のなかのほかの事象の値と相関するかどうかを調べる。そして研究者は，その差（従属変数の値が独立変数の値より低い場合にはまれであり，従属変数の値が独立変数の値より高い場合にはたくさん見られる）と相関する事象を先行条件の候補とみなす。これには2つの形式が用いられる。

研究者は特異値，つまり理論で示された原因が存在するにもかかわらず，予測された結果が存在しない特異事例を調べることである。理論が妥当であると仮定すれば，このパターンは，重要な先行条件も明らかに存在しないことを示している。欠落している先行条件は，たいてい存在するのに特異事例では存在しない条件のなかから見つけることができる。

研究者は，事例内において従属変数の値が広く分散しており，独立変数がつねに高い値を示す事例を探究することもできる。このパターンは，重要な先行条件がこの事例内で変化していることを示している[39]。そのこと自体，先行条件が従属変数とともに変化する要因であるべきことを示している。

3. **過程追跡** 研究者は，事例の結果が生み出された因果プロセスを逆にたどって追跡し，それぞれの段階において，因果プロセスに必要な先行条件が何であるかを文脈から推論しようとする。

4. **デルファイ法** 研究者は，先行条件になりそうなものを探すために事例の当事者または事例を経験した者から意見を引き出す。当事者でない人には後で考えても気づかない証拠となる動きを，当事者はじかに観察しているかもしれない。

---

[39] このパターンは，単に独立変数を引き起こすほかの変数の値の分散によっても起こりうる。

■事例研究を使った先行条件の検証

先行条件は仮説と同じように,それが確かなものと見なされるまえに検証されるべきである。先行条件は仮説と同じように,制御された比較,一致手続き法,過程追跡という3つの方法で検証することができる。

1. **制御された比較** 研究者は,2つかそれ以上の事例をペアにして観察を行い,その観察から得られた値と,先行条件は独立変数の従属変数に対する因果作用を拡大するという前提とが一致するか否かを問う。たとえば,事例Aの方が事例Bより条件変数の値が高い場合,事例Aの方が事例Bより従属変数の値も高く,独立変数の値に比べても高くなるはずである。可能であれば,研究者はミルの差異法の基準に従って事例を選択することである。すなわち,一般的特徴が似ていて,独立変数が同じような値をとるが,結果は異なる事例を複数選ぶことである。条件変数が影響を与える場合,その値は従属変数の値とともに変化するはずである。
2. **一致手続き法** 先行条件を検証するためには,2つの一致手続き法がもっとも役に立つ。1つめは,条件変数の値が極端(に高いか低いか)でかつ独立変数の値が0より大きい事例を研究することである。非常に高い条件変数の値は,独立変数の媒介変数(IntV)と従属変数に対する影響を拡大するはずであり,これらの値を予測された範囲(ここで「予測された」というのは,この事例の独立変数の値をもとに検証対象の理論によって予測された値のこと)を上回って変化させる。非常に低い条件変数の値は,媒介変数と従属変数に対する独立変数の影響を弱めるはずであり,これらの値は予測された範囲を下回る[40]。2つめは,1つの事例内で条件変数の値が広く分散しており,独立変数の値がほとんどもしくはまったく分散していない事例を研究するこ

---

40 この検証は条件変数の触媒効果が直線的,すなわち条件変数の値が大きくなるにしたがい連続して大きくなると仮定している。条件変数の影響はある点で限界に達する,すなわち条件変数の値はある一定のレベルを超えると横ばいになることが論理的に示される場合,この議論はあてはまらない。

とである。条件変数が重要である場合，従属変数の値は条件変数とともに変化するはずである[41]。
3. **過程追跡** 研究者は，初期の事例条件が事例の結果に変換されていく，出来事の連鎖経路または意思決定過程を調べる。先行条件はこの過程に跡を残している。すなわち，行為主体は重要な先行条件にふれているかもしれないし，出来事は先行条件の出現や消失のあとに起こるものである。

■ 事例の説明

第1章で論じたように[42]，具体的な事例についての説明は[43]，以下の4つの質問に答えることで評価される。

1. 説明は何らかの妥当な一般理論（つまり一般法則）の例になっているのか。具体的な説明は妥当な一般法則の例になっていなければならない。まちがった一般理論に依拠する説明は誤りである。
2. 一般法則の原因事象は事例のなかに存在するのか。説明の原因事象は事例のなかに存在しなければならない。そうでない場合，説明は誤りである（たとえAがBの原因であると確認されたとしても，Aが存在しない場合にBが起こる例を説明できない）。
3. 一般法則の先行条件は，事例において満たされているのか。必要な先行条件が欠落していれば，理論は事例の結果を説明できない。
4. 一般法則の媒介事象は事例において観察されるのか。一般法則で提示された原因と結果をつなぐ事象は，明確かつ適切な順序と場所で現れるはずである。

---

41 これらの2つの方法は，タイプ1の一致手続き法（典型的な値との比較）とタイプ2の一致手続き法（単一事例内における複数の観察）の方法と対応している。本章の「事例研究を使った理論の検証」の節における一致手続き法の議論を参照のこと。
42 第1章の「具体的な出来事はどうやって説明できるのか」の節を参照のこと。
43 事例を説明する研究は，「説明型」，「解釈型」，および「理論適用型」の事例研究とも呼ばれている。Yin, *Case Study Research*, p.5（近藤訳『ケース・スタディの方法』6頁）; Lijphart, "Comparative Politics and the Comparative Method," p.692; Eckstein, "Case Study and Theory," pp.99-104.

事例を説明する論理は，病理学者が検死を行ったり刑事が犯罪を解決したりする論理に相当する。死亡（あるいは犯罪）の具体的な説明は，以下のことを調べることにより評価される。それらの説明は妥当な一般法則に依拠しているのか。その一般法則が作用するための条件，すなわち，その原因ならびに必要な先行条件が事例において観察されるのか。そして，その作用が事例内で起こっていることを知らせる証拠となる事象が観察されるのか。事例を説明する調査は理論を検証するものではないが，集まった証拠は理論の妥当性を確認するのに用いることはできるだろう。

政治学者が事例を説明する事例研究をめったにやらないのは，ひとつには事例を説明する仕事を歴史学者の領分と定めているからである。しかしながら，歴史学者は政治学者より含みをもたせて事例を説明することがよくある。歴史学者の説明にははっきりしない部分があり，こうした説明から歴史学者が推論する予測は具体性を欠いたままであり，したがって，それらの証拠が意味するものはあいまいである。歴史学者の説明の根拠となる一般理論は，しばしば奥に深く埋もれている。そのため，かれらの説明は解釈や評価をするのが困難である。つまり政治学者にとって，歴史説明の議論に貢献する余地が広く残されているということである。

■ 強力な検証か弱い検証か──予測と検証

強力な検証は弱い検証より良いものであり，強力な検証の結果は弱い検証の結果より重みをもつ。

第1章の「強力な検証か弱い検証か」の節で論じたように，強力な検証とは，検証の結果が理論の作用あるいは理論の失敗以外のいかなる要因からも起こりそうにないものである。強力な検証では，確実で独自な予測であるかを評価する。確実な予測とは，疑う余地のない予想である。予測が確実であればあるほど，検証は強力になる。独自の予測とは，ほかの既知の理論から予測できない予想のことである。予測が独自であればあるほど，検証は強力になる。

理論を検証する際，研究者はもっとも強力な検証が可能な事例を選択すべきである。このことは，検証対象の理論が確実な予測か独自の予測（もしくは両

方）を立てている事例を選択することである。

　事例を書くにあたり，著者は実際に自分が検証する予測を説明して，正当化するべきである。事例研究についての解釈論争は，検証された予測の公正さをめぐる論争からよく生じる。これらの論争は，なぜその予測は公正と思われるのかということに関して，少し言葉をつけ加えれば理にかなったものにできる。

　また著者は，行った検証がどのくらい強力なのかを説明すべきである。検証された予測はどのくらい確実で独自なのだろうか。検証は，動かぬ証拠による検証，選別するための検証，二重に決め手となる検証，あるいはかすかな徴候を示す検証のどれであったのか[44]。

■矛盾する結果の解釈

　検証が矛盾する結果を生み出した場合，言い換えれば，理論がある検証には通過し別の検証には失敗した場合，研究者は何をすべきか。その答えは，さらに調べることである。以下の5つの手続きを踏むのが適当である。

1. 追加の予測を推論し，とくに「選別するための検証」と「動かぬ証拠による検証」を行えないか注意を払いながらそれを検証すること。そうした追加の検証が混乱を収拾するかもしれない。
2. 過去の検証で使われたデータの精度を再確認すること。なかにはまちがっているデータがあるかもしれない。その場合は再確認することによって，あいまいではない結果が出てくるかもしれない。そのときにこそ，すべての検証が通過するか失敗するかのどちらかになるであろう。
3. 理論から推論した予測を再考すること。予測は公正だったのか。まちがった予測が検証されていたために，誤って失敗とされた検証（または誤って成功とされた検証）が報告されることがあるかもしれない。
4. 新しい事例を使って検証を再現すること。再現することで，より一貫した結果が生み出されるかもしれない。

44　これらの検証の種類については，第1章の「強力な検証か弱い検証か」の節を参照のこと。

5. 理論が対象とする範囲を狭めたり，失敗した説明仮説をとり除いたりすることで，失敗した検証を通過できるよう理論を修正すること。こうすれば傷んだ理論を救うことができる（もっとも，救われたものは今や対象範囲の狭くなった別の理論である）。

■ 事例選択の基準

事例研究を行う研究者は，事例研究をすすめるうえでの実行可能な研究デザインの総合カタログも[45]，事例選択の方法の総合リストもつくってこなかった。そこで，わたしは役に立つ事例選択の基準のリストを自分で作成することにした[46]。(11項目の基準からなる) このリストは論理的な可能性を網羅してはいないが，わたしが強力であると考えるものはすべて含んでいる。具体的には，以下の事例の属性が事例選択の理由になりうるものである。(1)データが豊富であること，(2)独立変数，従属変数，または条件変数が極端な値をとっていること，(3)独立変数，従属変数，または条件変数の値が事例内で広く分散していること，(4)競合する理論によって事例の多様な予測がなされること，(5)現在の政策課題の状況と事例の背景条件が似ていること，(6)事例の背景条件がプロトタイプとしての性質をもっていること，(7)（主にミルの差異法を使って）ほかの事例と制御された比較を行うことが適切であること，(8)特異値としての性質をもっていること，(9)本質的に重要であること，(10)以前に行われた検証を適切に再現できること，(11)これまでは省かれていた種類の検証を適切に実施できること。

このリストは，事例選択のための2つの一般的な基準を反映したものである。

第1に，研究者は自分の調査目的にもっとも合う事例を選択すべきである。上述したように，事例研究には5つの目的がある。それらは，理論を検証する

---

[45] この失敗に言及したのは，Yin, *Case Study Research*, p. 18（近藤訳『ケース・スタディの方法』27頁）である。
[46] これらの基準は，アンディ・ベネット（Andy Bennett），トム・クリスチャンセン（Tom Christensen），チェイム・カウフマン（Chaim Kaufmann），ジャック・スナイダー（Jack Snyder），スティーヴ・ウォルト（Steve Walt）との議論から発展したものであり，かれらの考えも入っている。

こと，理論を構築すること，理論が作用するのに必要な先行条件を明らかにすること，これらの先行条件の重要性を検証すること，および本質的に重要な事例を説明することである。もっとも適切な選択基準は目的により異なるので，研究者は事例を選択するまえに自分の目的を明確にすべきである[47]。つぎの選択基準のうちいくつかはたいていの目的に合うが，なかには1つか2つの目的にしか合わないものもある。したがって，研究者は基準と目的を一致させるように気をつけるべきである（研究の任務と事例選択の基準の適否をまとめたものとして，本章の末尾の表を参照のこと）。

それゆえに事例選択の基準は，研究者がどの段階にいるのかで異なるはずである。研究者は最初に理論を推論し，つぎに理論を検証し，そして理論の適用範囲（すなわち「外的妥当性」）について先行条件を推論して検証しようとする。事例選択のルールはこれらの作業次第で変わるので，調査の各段階によって異なる。

第2に，理論を検証する際，研究者は自分が行う検証の強さと数を最大化するために事例を選択すべきである。最良の事例選択は，もっとも少ない研究努力でもっとも強力な検証（確実性と独自性の少なくとも1つを満たす予測の検証）を可能にする[48]。

1. **データの豊富な事例を選択すること。** 事例についてのより多くの質問に答えられる事例研究から，われわれはより多くを学ぶ。データが多くあればあるほど，より多くの疑問に答えることができる。したがって，より多くの検証が可能であり，それゆえにほかの条件が等しければ，データの豊富な事例が好ましい[49]。

  過程追跡を使って理論を推論または検証するつもりならば，過程追跡はたくさんのデータを必要とするので，データの豊富さを求めて事例を選択する

---

[47] このことは，自分がとりくむ問題をはっきりさせない限り，どの事例を選択することが最善なのかを知ることができないという意味である。何を知りたいのかがわからないうちは，事例選択の決定は時期尚早である。
[48] 事例選択の方法は研究調査の一般的方法の1つの側面であるため，以下に述べることの一部は，これまでに述べた理論と先行条件についての推論や検証に関する見方のくり返しである。
[49] Yin, *Case Study Research*, p. 40（近藤訳『ケース・スタディの方法』54-55頁）と同じである。

ことはとくに適切である。

　データが豊富であるということは、いくつかのかたちをとりうる。豊富な公文書データが利用できるかもしれない。事例の当事者が生きていてインタビューが可能であるかもしれない。ほかの学者が自分の目的のために事例を研究したり、あなたにかわって調査をほとんど済ませているかもしれない。

2. 独立変数（IV）、従属変数（DV）、または条件変数（CV）の値が、極端（に高いか低いか）である事例を選択すること[50]。この方法において、われわれは研究変数（われわれがその原因または結果を明らかにしようとしている変数）の値が非常に大きいか小さい事例を選択する[51]。

　理論を検証するためには、独立変数の値が極端な事例を選択することである。そのような事例では、事例についての理論の予測が（本章ですでに述べたように）確実で独自であるため、強力な検証が可能になるからである。

　複数の事例を母集団として、そのなかで代表的な事例または典型的な事例を選ぶべきであるとよくいわれる。しかし、「独立変数が極端な値」をとる事例を選択する方法は、それとは逆のことを示唆している。すなわち、独立変数がそもそも典型的でない事例はもっとも多くのことを教えてくれる[52]。

50　この選択の基準を薦めているのは、Eckstein, "Case Study and Theory," pp. 119-20 である。
51　この「極端な値」の事例を選択する方法は、7番目の方法である制御された比較に類似している。唯一の違いは、7番目の方法では事例間の直接的な比較を容易にする事例を選ぶのに対して、この方法では標準的な状況との間接的な比較を容易にする事例を選ぶということである。単一事例内における独立変数の値と従属変数の値が、それらの標準の値と明らかに異なる場合、このような比較はもっともはっきりしたものになる。
52　たとえば、わたしが（他国を征服することが容易であると信じられている場合、戦争はより起こりやすいことを示す）攻撃・防御理論を検証するために1914年の第一次世界大戦の事例を選択したのは、ひとつには1914年の事例は「攻撃至上主義」、すなわち他国の征服は容易であるというヨーロッパの著名なエリートたちの信念がピークに達していたからである。1914年の直前には、この信念はかつてそしてそれ以後にもないほど高まっていた。この信念が極端であったため、それが何らかの影響を与えるとしたら、極端な影響を与えたに違いない。したがって、これらの影響は1914年の事例において、ヨーロッパの政治から際立って目立ち、測定誤差やほかの原因の作用によって生み出されそうにないほどたくさん存在したはずある。
　したがって、1914年の事例における攻撃・防御理論の予測は確実かつ独自である。予測された結果があまりにも大きなものなので、測定誤差またはほかの原因に帰することができない（したがって予測は独自である）。同様に、これらの結果が起こらないからといって、測定誤差やほかの事象では、このような大きな影響を覆い隠したり無効にしたりすることはできないだろうから、まことしやかに測定誤差または別の事象の相乗効果のせいにすることはできないだろう（したがって予測は確実である）。よって、1914年の事例による検証は強力である。攻撃・防御理論はこの検証に

独立変数が極端な値を示す事例を選択すると，検証に通りやすくなるので，それは弱い検証になってしまうと主張する者もいる。たとえ理論がほんのわずかしか作用しなくても，独立変数の高い値は従属変数の値を高めるはずなので，検証に簡単に通ってしまうということである。しかしながら，この見方は「強力な検証」のまちがった定義に依拠している。強力な検証とは，検証の結果が理論の作用または失敗以外のいかなる要因からも起こりそうにないものである。この定義に従えば，独立変数が極端な値を示す事例を選択した検証は強力な検証である。このような検証では，極端な結果が期待できるはずである[53]。極端な結果が出れば，このことは別の要因から生じたわけではなさそうである。逆に極端な結果が出なければ，このことは理論の失敗以外のいかなるほかの要因からも生じていないだろう。したがって，極端な独立変数の値をともなう事例は，強力な検証のための実験室である。

　理論を構築するためには，研究変数が極端な値を示す事例を選択することである。研究変数の値が非常に高い場合，その原因（あるいは結果を求めるのであれば結果）は非常に多く存在するはずである。したがって，これらの原因（あるいは結果）は事例の背景からより際立って目立つはずである。このことは原因（または結果）を見つけやすくする。同様に，研究変数の値が非常に低い場合，その原因（あるいは結果）が存在しないことも際立つはずである。

　先行条件を推論するためには，独立変数と従属変数が極端でありかつ互いに逆の値をとる事例，すなわち具体的には，独立変数の値が非常に高く従属変数の値が非常に低い事例を選択することである。これらは，理論が示す原因は多く存在するが予測された結果が目立って存在しない事例である。たとえば，識字が民主主義を引き起こすのに必要な条件を推論するためには，権威主義体制で識字率が高い社会を選択すべきである。経済的不況が戦争を引き起こすのに必要な条件を推論するためには，深刻な不況が起こりながらも

　通ることで強く裏づけられるだろうが，逆にこの検証に失敗すればひどく傷つくことになるだろう。Van Evera, *Causes of War: Power and the Roots of Conflict* (Ithaca, N.Y.: Cornell University Press, 1999), chap. 7 を参照のこと。

[53] わたしは閾値(しきいち)の影響が存在しない，すなわち独立変数の従属変数に対する影響はある限界を超えても弱くならないと仮定している。閾値の影響があれば，この選択基準の有用性はより低くなる。

戦争にならなかった事例を選択すべきである，などである。このようなパターンは，重要な先行条件がほとんど存在しないことも示している。まだ見つかっていない条件は，普通は存在するのに研究された事例には存在しない条件のなかから見つけることができる[54]。

先行条件（理論が作用するためまたは理論の作用を拡大するために必要な条件）の候補を検証するためには，条件変数の値が極端な事例を選択することである。条件変数の高い値は，独立変数が媒介変数と従属変数に与える影響を増加させるはずである。条件変数の低い値は，独立変数が媒介変数と従属変数にほとんど影響を与えられないはずである。どちらの場合でも，予測された結果ははっきりしており，したがって測定誤差または第3の変数の作用からは生じにくい[55]。

3. 時間や場所を問わず，独立変数，従属変数，または条件変数の値が事例内で広く分散している事例を選択すること[56]。

理論を検証するためには，独立変数の値が事例内で広く分散する事例を選択することである。理論は独立変数の値の変化がどのような影響を及ぼすかを予測するものであるから，独立変数の値が変化することで予測が生み出される。したがって，独立変数の値が事例内で広く分散すればするほど，われわれは多くの予測を検証しなくてはならない。このような分散は，独立変数の値が時系列的または同時的変化という形式をとる。言い換えれば，事例が対象とする期間内での時系列的変化または事例内に存在する地域，集団，組

---

54 前の4つのパラグラフで議論された選択方法では，独立変数と従属変数の標準的な値と観察された値の相違点を際立たせるために事例を選択することになる。ここでは逆に，独立変数と従属変数の観察された値同士の相違点を際立たせるために事例を選択するのである。両方の事例とも著しい相違点を求めているが，その相違点は性質が異なるものである。

55 先行条件の影響に明確な限界があるのならば，言い換えれば，独立変数が従属変数を引き起こすのにある程度の大きさの条件変数の値を必要とするが条件変数の値がさらに高くなっても（従属変数に）まったく影響を与えない場合，この選択方法は調整が必要である。たとえば，一定の降水がなければ種や肥料が植物の成長を引き起こすことはできないが，雨はある程度以上の量が降れば十分であり，あまりに雨の量が多いと植物は水浸しになる。このような事例では，条件変数の値が非常に低い事例を選択して，独立変数には因果関係を成り立たせる力が欠けているという予測を検証することである。条件変数の値が非常に大きな事例を選択することは，その値が非常に高くても普通の値のときと同じような結果が予測されるため，効果がない。

56 この選択基準を遠まわしに薦めているのが，Eckstein, "Case Study and Theory," pp. 119, 126である。

織，個人のあいだに現れる独立変数の値の多様性として現れる。

　検証のためにタイプ2の一致手続き法を使う場合，タイプ2の一致手続き法は単一事例内の分散を観察することに依拠しているので，独立変数の値が事例内で分散している事例を選択するのはとくに適切である。

　理論を構築するためには，研究変数の値が事例内で広く分散している事例を選択することである。そのような事例では，研究変数の原因や結果も研究変数と同様に広く変化しているはずである。このことは原因と結果を事例背景から見つけやすくする。原因と結果の候補は，研究変数の値とともに変化する事例の特徴，すなわち研究変数の値が高い場合に存在し低い場合には存在しない要因として示される。

　理論の先行条件を推論するためには，従属変数の値が事例内で広く分散し独立変数の値がつねに高い事例を選択することである。そのような事例では，独立変数と従属変数の相対的な値が理論の予測（独立変数と従属変数の高い値）と一致している観察と，理論の予測（独立変数の高い値と従属変数の低い値）と一致していない観察が見られるものである。先行条件の候補は，相対的な値が予測と一致する場合，すなわち従属変数の値がより高い場合により多く存在する要因として示される。

　先行条件の候補を検証するためには，条件変数の値が事例内で広く分散する事例を選択することである。条件変数が重要であるならば，条件変数がほとんど存在しないときより条件変数が多く存在するときに，従属変数の値は独立変数の値より高くなるはずである。

4. **競合する理論が相反する予測を立てる事例を選択すること**。この選択方法は，理論を帰無仮説に対して検証することよりも，2つの理論の相対的な能力を検証することに関心がある場合（言い換えれば，ラカトシュのいう「二項間の戦い」より「三項間の戦い」にとりくむことが好ましい場合）に適切である[57]。

　2つの理論の相対的な能力を検証する場合，事例について競合する理論が相反する予測を立てている事例，たとえば2つの独立変数の値が事例内で正

---

[57] 「二項間の戦い」と「三項間の戦い」については，第1章の脚注43を参照のこと。

反対に変化する（1つの独立変数の値は時間の経過とともに下がり，もう1つの独立変数の値は時間の経過とともに上がる）事例を選択することである。従属変数はより強力な独立変数とともに変化するはずである。

2つの先行条件の相対的な能力を検証する場合，同じ独立変数が存在しており，2つの条件変数が事例内において正反対に変化する（たとえば1つの条件変数の値は時間の経過とともに下がり，もう1つの条件変数の値は時間の経過とともに上がる）事例を選択することである。従属変数はより強力な条件変数とともに変化するはずである。

最良の結果を得るためには，独自で確実な予測だけではなく，正反対の予測も検証することが可能な事例を選ぶことである。

5. **政策的関心が現状と似ている事例を選択すること**[58]。ある事例から推論されたもしくは検証された理論は，それと似た第2の事例にもたいていは「通じる」，言い換えれば第2の事例でも同様に作用するだろう。したがって，第1の事例から演繹した政策の処方は第2の事例にも無難に適用できる。それゆえに，政策の処方を提供することに関心のある学者は，現在または将来の政策問題と背景特徴が似ている事例を研究すべきである。

ミネソタ州における保健衛生政策の研究は，ブルキナファソ国における保健衛生政策の研究よりも，ウィスコンシン州における保健衛生政策にとって，より信頼性のある処方を提供することになる。ブルキナファソ国で作用した理論はウィスコンシン州には存在しない条件を必要としているのかもしれない。したがって，この理論から演繹された処方は，ウィスコンシン州では有効でないことが立証されるだろう。ミネソタ州とウィスコンシン州は多くの点で共通しているので，この失敗はミネソタ州で作用した理論では起こりそうにない。

6. **プロトタイプのような背景の特徴をもつ事例を選択すること**。人によっては標準的または典型的な背景条件の事例を選択するかもしれない。その理由は，これらの事例の検証に通った理論の方がほかの事例に「通じ」やすい，すなわちほかの事例に広く適用できることにある。

---

[58] ジャック・スナイダーがこの基準を薦めている。

この選択方法は適切なときもあるが，安易に使われすぎている。適用性の高い理論を求めている場合，5番目の事例選択の方法である「政策的関心が現状と似ている事例を選択すること」に従うのがより適切である。というのは，その方法は裏づけられた理論をほかの重要な状況に適用することをより確かに保証するからである。たしかに，この6番目の方法でも広く適用する理論を選択できる。しかし，5番目の方法のほうがそれほど広く適用しないが重要な状況にはよりしっかり適用できる理論を選択できる。したがって，後者の目的の方がより重要であることが多い。

7. **複数事例での制御された比較によく適合する事例を選択すること。**制御された比較，すなわち差異法（事例が同じような特徴をもちながらも研究変数の値が異なる）または一致法（事例が異なる特徴をもちながらも研究変数の値が同じ）のためのペアとなる事例を選択することができる。通常はこの2つのなかでもより強力な差異法が好ましい。

　制御された比較の基準は，1つかそれ以上の事例を選択するために適用することができる。単一の事例は，ほかの研究者がすでに調査し書き終えた既存の事例研究と比較するものとして選択することができる。具体的には，差異法の比較を実行するつもりである場合，すでに研究済みの事例と特徴が似ているが研究変数の値が異なる新しい事例を選択する。複数の事例同士を比較する（言い換えれば，差異法の比較を実行しようとする場合，同じような特徴をもちながら多様な研究変数をとる事例を選択する）ために，あるいはそれらの事例と既存の事例を比較する（研究済みの事例と特徴は似ているが研究変数の値が異なる事例を選択する）ために，複数の事例を選択することができる。

　制御された比較の方法を使って理論を検証するためには，同じような特徴をもちながらも研究変数の値が異なる事例を選択する（すなわち差異法のために選択する）ことである。独立変数と従属変数の値が複数の事例でともに変化することが研究によって明らかになる場合，理論は検証に通る。たとえば，独立変数が事例2より事例1においてより高い値になる場合，従属変数も事例2より事例1において高い値になるはずである。

　しかしながら，差異法は理論を検証するにはかなり弱い手段である（そし

て一致法はさらに弱い）ことを忘れないでほしい。したがって，理論を検証するためにはほかの選択基準を優先すべきである。

理論を構築するためには，（差異法の比較のために）特徴が似ていながら研究変数の値が異なる事例を選択するか，（一致法の比較のために）特徴が異なりながら研究変数の値が同じ事例を選択することである。

差異法が使われる場合，原因または結果の候補となりうるものは，比較されている事例の特徴のなかに見られる差異点として示される。一致法が使われる場合，それらの候補となりうるものは，比較されている事例の特徴のなかに見られる類似点として示される。

利用可能な事例の特徴がほぼ同質である（ほとんどの事例についてほとんどのことが同じ）場合，差異法が好まれる。利用可能な事例の特徴がかなり異質である（ほとんどの事例についてほとんどのことが異なる）場合，一致法が好まれる。

先行条件を推論するためには，差異法か一致法に適している事例を選択することである。

差異法のためには，(1)同じような独立変数の値，(2)同じような事例の特徴，および(3)異なる従属変数の値をとる事例を選択することである。先行条件の候補は，比較されている事例の特徴のなかに見られる差異点として示される。

一致法のためには，(1)同じような独立変数の値，(2)異なる事例の特徴，および(3)同じような従属変数の値をとる事例を選択することである。先行条件の候補は，比較されている事例の特徴のなかに見られる類似点として示される。

先行条件の候補を検証する場合，(1)同じような独立変数の値と(2)異なる従属変数の値をとる事例を選択することである。複数の事例で条件変数の値が従属変数の値に対応している場合，この条件は検証に通る。

8. **特異事例を選択すること**。ここでは既存の理論ではうまく説明されない事例の結果は，まだ知られていない原因によって説明され，その原因は事例を調べれば見つけることができるということを前提として，研究者はそのような事例を選択することである。われわれは従属変数の値が高く，既知の原因が存在しない事例を選択する。新しい原因の候補は，これらの事例の異常な

特徴やこの事例内の従属変数と対応している特徴として示される。

　理論を構築するためには，従属変数を引き起こす既知の原因がほとんど存在しない一方で，従属変数は多く存在する事例を選択することである。この事例では，まだ知られていない原因が事例内で作用していること，また，その原因はその事例を研究すれば明らかになるであろうことを示している。

　先行条件を推論するためには，従属変数を引き起こす既知の原因が多く存在する一方で従属変数はほとんどもしくはまったく存在しない事例を選択することである。この事例では，まだ知られていない先行条件が事例には存在していないこと，また，その先行条件はその事例を研究すれば明らかになるであろうことを示している。

9. **本質的に重要な事例を選択すること**。われわれの目的が歴史の流れを説明することである場合，本質的に人類にとってあるいは歴史上の重要な事例（第一次世界大戦，第二次世界大戦，ホロコースト）を選択することは適切である。われわれがこのような事例を選択するのは，データが豊富にあることもあるが（記録があまりにも少なくて，さまざまな疑問に答えられない事例は研究する意味がほとんどない），主としてそれらの事例がもつ人類にとっての重要性からである。

10. **検証を再現するための事例を選択すること**。理論を徹底的に検証するためには，結果を裏づける目的で初期の検証をくり返すことが必要である。その場合，既存の検証を再現する実験室として適切な事例を選択することである[59]。このアプローチは複数の事例を複数の実験とみなしている。事例間の比較を行うことではなく，検証を再現することこそが，後続の研究にとっての目標である。

　再現された検証は正確な再現にもなりうるし，厳密な再現ではないもの（「擬似再現」）にもなりうる。正確な再現とは，以前に行われたのと同じ検証を同じような事例でくり返すことである。擬似再現（この方がはるかに一般的である）とは，研究デザインに何らかの変更を加えて，以前の検証をくり返すことである[60]。事例は，再現の対象となっている検証で事例の選択に

59　この点を指摘しているのが，Yin, *Case Study Research*, pp. 45-50（近藤訳『ケース・スタディの方法』62-68頁）である。

使われたのと同じ選択基準で選択される。

11. **これまで省かれていた検証のための事例を選択すること。** 理論がある種類の検証をすでに終えている場合，今度はその理論を別の種類の検証の対象とすることが適切であるかもしれない。たとえば，ある理論が一致手続き法による事例研究の検証をすでに終えている場合，今度は過程追跡による事例研究の検証を行うことが適切であるかもしれない。過程追跡による検証の土台として役立つように事例を選択する。

研究者は，理論を推論したのと同じ事例で理論を検証してもよいのだろうか。第1章で論じたように[61]，この方法は，こうした検証が厳密さに欠けるという理由から批判されている。この批判は盲検法を支持していることからくる。ここで仮定していることは，研究者は理論を推論する際に使用したデータに比べて，未使用のデータについてよく知らないので，未使用のデータを使う研究者はデータを選択的に抽出する誘惑に駆られにくいというものである。

しかしながら，理論を思いつくもとになった事例を理論の検証のために再利用することを禁止するのは，実際には現実的ではなく，かえって優れた証拠を失うことになるだろう。検証のでっちあげを防ぐ別の関門（たとえば，社会科学を職業とする者に誠実さという高い道徳規範を吹き込むこと）の方が，より実際的である。

以下の表1は，研究の目的と事例選択の基準が適合するか否かを要約したものである。

---

60 擬似再現に関しては，Edward S. Balian, *How to Design, Analyze, and Write Doctoral or Masters Research*, 2d ed. (Lanham, Md.: University Press of America, 1988), pp. 12-13 を参照のこと。
61 第1章における「方法論の神話」の節の盲検法の議論(3)を参照のこと。

表1 事例選択のための11項目の基準——それぞれの基準はどのような場合に適切なのか

事例選択の基準	理論を検証する場合	理論を推論する場合	先行条件を推論する場合	先行条件を検証する場合	本質的に重要な事例を研究する場合
1. データの豊富さ	適合	適合	適合	適合	おそらく適合
2. 独立変数，従属変数，もしくは条件変数が極端な値	適合（独立変数に関して）	適合（研究変数に関して）	適合（独立変数は高い値，従属変数は低い値）	適合（条件変数に関して）	不適合
3. 独立変数，従属変数，もしくは条件変数の値の事例内における広い分散	適合（独立変数に関して）	適合（研究変数に関して）	適合（従属変数に関して）	適合（条件変数に関して）	不適合
4. 競合理論が事例について多様な予測を立てている場合	適合	不適合	不適合	適合	不適合
5. 現在の政策問題に関する事例との類似性	適合	適合	適合	適合	不適合
6. プロトタイプの特徴をもつ事例	適合する場合がある	適合する場合がある	不適合	不適合	不適合
7. 事例間の制御された比較の適合性（すなわち差異法または一致法）	ほとんど適合しない	適合	適合	ほとんど適合しない	不適合
8. ほかの理論で説明できない結果（すなわち「特異」事例）	不適合	適合	適合	不適合	不適合
9. 本質的な重要性	不適合	不適合	不適合	不適合	適合
10. これまでの検証を再現するのに適する事例	適合	不適合	不適合	適合	不適合
11. 新しい種類の検証が可能な事例	適合	不適合	不適合	適合	不適合

第3章
政治学の博士論文とは何か

　政治学の博士論文は7つの主要な任務を果たしうるものである[1]。すなわち，それぞれの目的に合わせて1種類ずつ，7つのタイプの博士論文があることになる。実際には，博士論文の大半はこれらのうちのいくつかの任務を同時に果たすため，複数の特徴をあわせもつ混合版である。それでもなお，博士論文の想定しうる理念型をひとつずつ考えることは役に立つ。

1. **理論提唱型**（theory-proposing）の博士論文は，新しい仮説を提示するものである。新しい仮説を提唱するために演繹的な議論が展開される。こうした仮説を説明し，その妥当性を示すために例があげられることはあるが，強力な実証的検証が行われることはない[2]。

1　わたしがとりあげている例が示しているように，ここから後の記述は，国際関係や安全保障の問題の分野を専門としている学生を対象に書いている。しかし，政治哲学を除いて，ほかの政治学の分野にもあてはまるはずである。ほかの分野を専門とする人に対しては，わたしが国際関係論（IR）の事例を中心にとりあげることを前もって断っておきたい。

2　理論提唱型の著作例としては，Robert Jervis, *Perception and Misperception in International Politics* (Princeton: Princeton University Press, 1976); Robert Jervis, "Cooperation Under the Security Dilemma," *World Politics* 30 (January 1978): 167-214; Kenneth N. Waltz, *Theory of International Politics* (Reading, Mass.: Addison-Wesley, 1979); Geoffrey Blainey, *The Causes of War*, 3d ed. (New York: Free Press, 1988)（中野康雄・川畑寿・呉忠根訳『戦争と平和の条件――近代戦争原因の史的考察』新光閣書店，1975年）; Thomas C. Schelling, *Arms and Influence* (New Haven: Yale University Press, 1966); Thomas C. Schelling, *The Strategy of Conflict* (New York: Oxford University Press, 1960)（河野勝監訳『紛争の戦略――ゲーム理論のエッセンス』勁草書房，2008年）; Robert Axelrod, *The Evolution of Cooperation* (New York: Basic Books, 1984)（松田裕之訳『つきあい方の科学――バクテリアから国際関係まで』

2. **理論検証型**（theory-testing）の博士論文では，既存の理論を評価するために経験的証拠を使用する。ここで使われる証拠は，多数事例（large-n）の統計分析，事例研究，もしくはその両方を組み合わせた形式をとることができる[3]。

博士論文の多くは，タイプ1とタイプ2を組み合わせたものである。博士論文のなかで，ある部分では理論提唱を行い，別の部分では理論検証を行うのである[4]。しかし，理論提唱もしくは理論検証のどちらか一方に特化したものであっても，有益な知識を向上させるのに貢献する限り，よい博士論文になりうる。

3. **先行研究評価型**（literature-assessing）（あるいは「先行研究調査型」）の博士論文では，ある特定のテーマに関する既存の理論的な文献や実証研究を行った文献を整理し評価する。このタイプの博士論文では，既存の理論は価

ミネルヴァ書房，1998年）; Carl von Clausewitz, *On War* (Princeton: Princeton University Press, 1976)（篠田英雄訳『戦争論(上)(中)(下)』岩波書店，1968年）および Hans J. Morgenthau, *Politics Among Nations*, 5th ed. (New York: Knopf, 1973)（現代平和研究会訳『国際政治――権力と平和』福村出版，1986年）がある。ここで注意してほしいのは，仮説は，演繹法（Schelling）または帰納法（Clausewitz），あるいは両方の方法を使って発展させることができるということである。

3 理論の検証に特化した研究の例としては，Richard K. Betts, *Nuclear Blackmail and Nuclear Balance* (Washington, D.C.: Brookings Institution, 1987); Steve Chan, "Mirror, Mirror on the Wall...Are the Freer Countries More Pacific?" *Journal of Conflict Resolution* 28 (December 1984): 617-48; Erich Weede, "Democracy and War Involvement," ibid., pp. 649-64 および Zeev Maoz and Bruce Russett, "Normative and Structural Causes of Democratic Peace, 1946-1986," *American Political Science Review* 87 (September 1993): 624-38 などがある。

4 理論の提唱と検証の両方を行う著作の例としては，Barry R. Posen, *The Sources of Military Doctrine: France, Britain, and Germany Between the World Wars* (Ithaca: Cornell University Press, 1984); Stephen M. Walt, *The Origins of Alliances* (Ithaca: Cornell University Press, 1987); Jack Snyder, *Myths of Empire* (Ithaca: Cornell University Press, 1991); Jack Snyder, *Ideology of the Offensive: Military Decision Making and the Disasters of 1914* (Ithaca: Cornell University Press, 1984) および John J. Mearsheimer, *Conventional Deterrence* (Ithaca: Cornell University Press, 1983) がある。ここで注意してほしいのは，このような研究は，理論検証のプロジェクトとしてはじまることが多いということである。著者は他人の理論を検証することからはじめ，その途中で自らの理論を構築する。これは，何もないところではじめから理論を創造するのが大変困難であることを示唆している。わたしは，学生にはいきなり理論を構築する方法を試さずに，ほかの人の理論を検証することからはじめるようにアドバイスしている。理論を検証しているうちに創造的なひらめきがあるかもしれないし，こうしたひらめきがなくても依然としてよい博士論文を書くことは可能である。

値のあるものか，またすでに行われている検証は説得力があり徹底したものかを検討する[5]。

4. **政策評価型**（policy-evaluative）あるいは**政策志向型**（policy-prescriptive）の博士論文では，現在または将来の公共政策もしくは政策提言を評価する。ある政策提言について，賛成するものと反対するものが拠り所にする事実なり理論の前提は妥当であるのか，それとも妥当ではないのか。その政策は賛成者が期待しているような結果をもたらすのか。

政策志向研究は理論的ではないとよくいわれる。しかし，その逆こそが真なのである。あらゆる政策提言は，政策がどんな効果を生み出すかについての予想をもとにしてつくられている。そして，こうした予想は，意識しようとしまいと社会的・政治的な行動の法則についての理論的な仮定から導かれる。したがって，公共政策を評価する以上，理論の構築と評価が必要になるのであり，これはまさしく理論的な作業である[6]。

---

[5] 先行研究を評価する研究の例としては，Kenneth N. Waltz, *Man, the State, and War* (New York: Columbia University Press, 1959); Benjamin Cohen, *The Question of Imperialism* (New York: Basic Books, 1973); Jack Levy, "The Causes of War: A Review of Theories and Evidence," in Philip E. Tetlock, Jo L. Husbands, Robert Jervis, Paul C. Stern, and Charles Tilly, eds., *Behavior, Society, and Nuclear War* (New York: Oxford University Press, 1989), 1: 209-333 および Robert Gilpin with Jean M. Gilpin, *The Political Economy of International Relations* (Princeton: Princeton University Press, 1987)（佐藤誠三郎・竹内透監修，大蔵省世界システム研究会訳『世界システムの政治経済学――国際関係の新段階』東洋経済新報社，1990年）がある。

[6] 政策志向研究には Jerome Slater, "Dominos in Central America: Will They Fall? Does It Matter?" *International Security* 12 (Fall 1987): 105-34; Charles L. Glaser, *Analyzing Strategic Nuclear Policy* (Princeton: Princeton University Press, 1990); Robert Jervis, *The Illogic of American Nuclear Strategy* (Ithaca: Cornell University Press, 1984); Shai Feldman, *Israeli Nuclear Deterrence* (New York: Columbia University Press, 1982); Robert Art, "A Defensible Defense: America's Grand Strategy after the Cold War," *International Security* 15 (Spring 1991): 5-53; Barry Posen, "Inadvertent Nuclear War? Escalation and NATO's Northern Flank," ibid., vol. 7 (Fall 1982): 28-54; John J. Mearsheimer, "A Strategic Misstep: The Maritime Strategy and Deterrence in Europe," ibid., vol. 11 (Fall 1986): 3-57; Samuel Huntington, "Conventional Deterrence and Conventional Retaliation in Europe," ibid., vol. 8 (Winter 1983-84): 32-56; Joshua Epstein, "Soviet Vulnerabilities and the RDF Deterrent," ibid., vol. 6 (Fall 1981): 126-58 および Albert Wohlstetter, "The Delicate Balance of Terror," *Foreign Affairs* 37 (January 1959) がある。ソ連の政策について精密な評価を行った研究としては以下のものがある。Richard Ned Lebow, "The Soviet Offensive in Europe: The Schlieffen Plan Revisited?" *International Security* 9 (Spring 1985): 44-78.

政策志向型の研究はある特定の政策を評価することに特化したり，ある問題について複数の相対する解決策を比較考量したり，政治的な出来事もしくは技術的な出来事（たとえば核革命〔nuclear revolution〕やソ連帝国の崩壊）の政策的なインプリケーションに焦点をあてることもできる。

5. **歴史説明型**（historical explanatory）の博士論文は，理論（学問的に認められた理論，フォーク理論〔folk theory〕，あるいは「常識」からの推論）を使って歴史事例の原因やパターン，帰結を説明するものである。このような研究は記述がかなりの量になることが多いが，重点は記述された内容を説明することに置かれている[7]。

6. **歴史評価型**（historical evaluative）の博士論文は，官職または民間の政策当事者を動かした事実についての考え方や理論的信条と，政策当事者が行った政策の結果の両方もしくは一方を評価するものである[8]。タイプ5とタイ

---

7 歴史説明型の研究の例としては，James C. Thompson, "How Could Vietnam Happen? An Autopsy," in Morton H. Halperin and Arnold Kanter, eds., *Readings in American Foreign Policy: A Bureaucratic Perspective* (Boston: Little, Brown, 1973), pp. 98-110; Leslie H. Gelb with Richard K. Betts, *The Irony of Vietnam: The System Worked* (Washington, D.C.: Brookings Institution, 1979); Larry Berman, *Planning a Tragedy: The Americanization of the War in Vietnam* (New York: W.W. Norton, 1982); John Lewis Gaddis, "The Long Peace: Elements of Stability in the Postwar International System," *International Security* 10 (Spring 1986): 99-142; Arthur Schlesinger, Jr., "Origins of the Cold War," *Foreign Affairs* 46 (October 1967): 22-52; R.J. Overy, *Why the Allies Won* (London: Cape, 1995); Thomas J. Christensen, *Useful Adversaries: Grand Strategy, Domestic Mobilization, and Sino-American Conflict, 1947-58* (Princeton: Princeton University Press, 1996); John J. Mearsheimer, *Liddell Hart and the Weight of History* (Ithaca: Cornell University Press, 1988) および Donald Kagan, *The Outbreak of the Peloponnesian War* (Ithaca: Cornell University Press, 1969), chap.19, "The Causes of the War," pp. 345-56 がある。

8 歴史評価型の研究の例としては以下のものが含まれる。Bruce M. Russet, *No Clear and Present Danger: A Skeptical View of the U.S. Entry into World War II* (New York: Harper & Row, 1972); John Mueller, "Pearl Harbor: Military Inconvenience, Political Disaster," *International Security* 16 (Winter 1991-92): 172-203; Paul M. Kennedy, "Tirpitz, England and the Second Navy Law of 1900: A Strategical Critique," *Militaergeschichtliche Mitteilungen* 2 (1970): 33-57; Paul Kennedy, *Strategy and Diplomacy, 1870-1945* (Aylesbury, U.K.: Fontana, 1983), chap.5, "Strategic Aspects of the Anglo-German Naval Race," and chap.7, "Japanese Strategic Decisions, 1939-1945"; Gerhard Ritter, *The Schlieffen Plan: Critique of a Myth*, trans. Andrew Wilson and Eva Wilson, foreword by B.H. Liddell Hart (London: Oswald Wolff, 1958; reprint, Westport, Conn.: Greenwood Press, 1979)（新庄宗雅訳『シュリーフェン・プラン——ある神話の批判』新庄宗雅出版，1988年）; Robert W. Tucker and David C. Hendrickson, *The Imperial Temptation: The New World Order and America's Purpose*

プ6の博士論文はまれであり,政治学で高い評価を受けることはほとんどない。このことは,理論を創造したり検証したりすることの方が理論を適用することよりも好まれるという一般的な偏見が,この分野にあることを示している。しかし,この偏見は見当違いである。もし理論が適用されることが一度もないとすれば,理論は何のために存在するのであろうか。理論は,説明,評価,または処方のために実用化されてこそ価値をもつのである。

さらに,タイプ5やタイプ6に属する研究は,ほかの学問分野ではしっくりとしないため,こうした研究は政治学者がやることになる。歴史学者のなかには,断定的な説明を嫌って,かわりに「事実に語らせる」ことを好む人がいる。また,自分好みの説明をする人もいる。しかし,彼らは説明をくまなく評価するために必要な,対立する説明同士の比較を行うことはめったにない。歴史学者は若干の例外を除いて[9],歴史を評価するような記述をたいてい嫌うものである。しかし,歴史説明型の研究がないと,歴史が説明されることは決してない。そして,歴史評価型の研究をしないと,現在や未来の問題の解決について,過去から学ぶことはほとんどない。したがって,どこかの分野がこうした仕事を引き受けるべきである。わたしは政治学がその仕事を引き受ければよいと考えている。

7. 予測型(predictive)の博士論文は,理論を適用して,現在の出来事や将来の展望から,今後の世界がどうなるかを推定する[10]。純粋な予測型の博士論文は,リスクをともなうプロジェクトである。なぜなら,未来はつねに偶然

(New York: Council on Foreign Relations, 1992), part 2, "The Gulf War: An Autopsy"; Alan T. Nolan, *Lee Considered: General Robert E. Lee and Civil War History* (Chapel Hill: University of North Carolina Press, 1991) および Paul W. Schroeder, *The Axis Alliance and Japanese-American Relations, 1941* (Ithaca: Cornell University Press, 1958), chap. 9, "An Appraisal of American Policy," pp. 200-16.

9 たとえば,脚注8にあるポール・ケネディ (Paul Kennedy),ゲルハルト・リッター (Gerhard Ritter) およびポール・シュローダー (Paul Schroeder) による研究を参照のこと。

10 最近の予測型研究の例としては,Robert Jervis, "The Future of World Politics: Will It Resemble the Past?" *International Security* 16 (Winter 1991-92): 39-73; John J. Mearsheimer, "Back to the Future: Instability in Europe after the Cold War," ibid., vol. 15 (Summer 1990): 5-56 および Stephen Van Evera, "Primed for Peace: Europe after the Cold War," ibid., 15 (Winter 1990-1991): 7-57 が含まれる。最後の2つの研究は政策処方も示しているが,それらの主旨は予測することである。

性をともなうものであり，プロジェクトが実際の出来事に書きかえられるかもしれないという危険が高いからである。したがって，学生は一般的にはこの種の博士論文は避けるべきである。しかし，この忠告は絶対ではない。予測型の研究も価値のあるものになりうるし，博士論文のかたちにすることもできる。

これらの7つのタイプの博士論文は，以下の4つの種類に分類できる。理論提唱型（1），理論検証型（2），理論適用型（4，5，6，7），および先行研究評価型（3）である。

タイプ1とタイプ2の博士論文，つまり理論提唱型と理論検証型のものが，政治学においてもっとも地位が高い。しかし，7つのタイプの論文は，よく書けているのであれば，すべて妥当なものである。要するに，あなたがどのタイプの博士論文を書いているのかをはっきりと自覚することである。

最後に，記述的な博士論文について若干のコメントをしておきたい。この種の博士論文は，政治の状況について記述したものである[11]。これには2つのタイプがあり，現代を記述した（現在の出来事の進展や状況に焦点をあてた）もの[12]と歴史を記述した（過去の出来事や状況に焦点をあてた）ものである[13]。

---

11 記述はデータポイントを設定する。つまり説明とは，すでに記述されているデータの構造を説明することである。以下の論述がその違いを表している。「1991年1月に石油は世界市場では1バレルあたり40ドルで売られていた」（というのは単なる記述である）。「1990年後半の湾岸危機は，戦争によって世界的な石油供給が断たれるのではないかという消費者の不安を招き，それが石油のパニック買いを引き起こし，これが石油価格を20ドル以下から40ドルへとつり上げた」（というのは記述と説明，つまり石油価格について記述し，説明している）。

12 現代の記述型の研究の例には，中部ヨーロッパでの通常兵力バランスを記述した1980年代からの論文が含まれる。たとえば, John J. Mearsheimer, "Why the Soviets Can't Win Quickly in Central Europe," *International Security* 7 (Summer 1982): 3-39; John J. Mearsheimer, "Numbers, Strategy, and the European Balance," ibid., vol. 12 (Spring 1988): 174-85; Barry R. Posen, "Measuring the Conventional European Balance: Coping with Complexity in Threat Assessment," ibid., vol. 9 (Winter 1984-85): 47-88 および Barry R. Posen, "Is NATO Decisively Outnumbered?" ibid., vol. 12 (Spring 1988): 186-202 がある。ここで注意してほしいのだが，これらの研究には理論がないのではない。どちらの著者も因果仮説（たとえば攻者3倍の法則と兵力の密度の仮説）に依拠している。つまり，かれらによる記述は理論を拠り所にしているのである。

ほかのテーマの研究の例としては, Steve Fetter, "Ballistic Missiles and Weapons of Mass Destruction: What Is the Threat? What Should Be Done?" *International Security* 16 (Summer

記述型の博士論文は，政治学の博士論文のうちの第8番目に想定しうるタイプである。しかし，単なる記述型の博士論文は政治学者にはほとんど受けいれられない。政治学者としては，記述している出来事や政策もしくは考えについて，著者に説明するなり評価するなりしてほしいのである。したがって，記述には多少なりとも理論の構築，検証，適用がともなわなければならない。しかし，まだ記述されていない事象を説明したり評価したりすることができないため，たいていの場合，説明や評価をするまえに記述をしなくてはならない。したがって，ほかの人がまだ十分に記述していない事象を説明ないし評価しようとする学生は，最初に記述に専念しなくてはならないので，結果としては記述中心の博士論文になる。学生が記述だけではなく説明もしくは評価もある程度行うのならば，これで差しつかえない[14]。

1991): 5-42; Bruce G. Blair, *Strategic Command and Control* (Washington, D. C. : Brookings, 1985) および Ashton B. Carter, "Assessing Command System Vulnerability," in Ashton B. Carter, John D. Steinbruner, and Charles A. Zraket, eds. *Managing Nuclear Operations* (Washington, D. C. : Brookings Institution, 1987), pp. 555-610 がある（これらの研究は単に記述的というわけではなく，政策に対する処方も示しているが，主要な関心は記述することにある）。

[13] 政治学者による研究で主に歴史的なものや記述的なものとしては，Fred Kaplan, *The Wizards of Armageddon* (New York: Simon & Schuster, 1983); Scott Sagan, "Nuclear Alerts and Crisis Management," *International Security* 9 (Spring 1985): 99-139 および Richard K. Betts, *Soldiers, Statesmen, and Cold War Crises* (Cambridge: Harvard University Press, 1977) が含まれる。歴史学者による研究としては，John Lewis Gaddis, *Strategies of Containment: A Critical Appraisal of Postwar American National Security Policy* (New York: Oxford University Press, 1982); David Alan Rosenberg, "The Origins of Overkill: Nuclear Weapons and American Strategy, 1945-1960," *International Security* 7 (Spring 1983): 3-71; Luigi Albertini, *The Origins of the War of 1914*, 3 vols., trans. and ed. Isabella M. Massey (London: Oxford University Press, 1952-57; reprint, Westport, Conn. : Greenwood Press, 1980) および Holger Herwig, "Clio Deceived: Patriotic Self-Censorship in Germany After the Great War," *International Security* 12 (Fall 1987): 5-44 がある。これらの研究はすべて若干の説明をともない，そのうちのいくつかは理論の検証も行うが，主要な関心は記述することにある。

[14] このタイプの優れた博士論文としては，Peter J. Liberman, "Does Conquest Pay? The Exploitation of Occupied Industrial Economies" (Ph. D. diss., MIT, 1991) のちに *Does Conquest Pay? The Exploitation of Occupied Industrial Societies* (Princeton: Princeton University Press, 1996) として出版されている。リバーマン (Liberman) はこの本のなかのかなりの部分を記述にさいているのは，かれが説明している事象（帝国にとっての便益）を先行研究がほとんど記述していなかったからである。かれは記述を行ったうえで，そのパターンを説明し，検証している。

第4章
政治学の博士論文を書くために役立つヒント

わたしは，博士論文を書き始めている大学院生には，よく以下のようなアドバイスをしている[1]。

■テーマの選択

優れた博士論文とは，重要な問題にとりくむものである。そして，その答えは，現実の世界が直面している現実の問題と関連するべきである。

かつてハンス・モーゲンソー（Hans Morgenthau）は，社会科学者は「ささいなこと，計量的なこと，方法論的なこと，純粋に理論的なこと，遠い過去のこと，つまり政治的に無関係なこと」にふけることがよくあると嘆いた[2]。そ

---

1 このテーマに関しては，近年，役に立つガイドブックが多数出版されている。とくに価値のある文献としては，David Madsen, *Successful Dissertations and Theses: A Guide to Graduate Student Research from Proposal to Completion*, 2d ed. (San Francisco: Jossey-Bass, 1992) および David Sternberg, *How to Complete and Survive a Doctoral Dissertation* (New York: St. Martin's Griffin, 1981) がある。また本書巻末の参考文献も参照のこと。

2 Hans J. Morgenthau, "The Purpose of Political Science," in James C. Charlesworth, ed., *A Design for Political Science: Scope, Objectives, and Methods* (Philadelphia: American Academy of Political and Social Science, 1966), p.73. モーゲンソーはさらに学界での「新しい保守的学風」，すなわち「現実の世界について，われわれが知る必要があることを何も教えてくれない知的訓練に従事すること」に不満を言っている (p.74)。学者は「政治についての時事問題に何ら関連性を持ちえない活動に従事する」ことで名声を維持する。かれらはかわりに「わかりきったことをわざわざ説明したり，あるいは，わかりにくくするために，難解な専門用語や数式，方程式，図表に熱狂的とも思えるほどの情熱をささげる」のである。その結果，社会科学は，「だれも聞いてはいない質問に答えている耳の不自由な人」のようになる。Hans J. Morgenthau, *Truth and*

のような行為は罪なことであり、まちがいなのである。現実と関連がある方がおもしろいし、世の中のためにもよいことであるし、キャリアにもつながる。だいたんな議論を展開する学者は、その研究が論理的に正しいのならば、悪評よりも賞賛を多く受けるものである。研究というものは、大学教員から必読・参考文献に指定されることで、よく知られるようになることが多い。教員は、論争を形成するような研究を指定するものである。したがって、ある重要な論争においてだいたんにも一方の立場に与したり、新しい論争を巻き起こす研究は、文献として指定される機会がより多くなるため、ますます有名になる。そうした研究論文を書いた者は、学問的な名声や栄光にひたるだろう。

では、どのようにすれば優れたテーマが見つかるのだろうか。「だれかが書くべき本や論文」のリストを昨日の分からさかのぼってつくってみることである。あなたが読みたいものを頭のなかで思い描いて、実際に探してもそれが見つからないときは、あなたの「本や論文」のリストに仮のタイトルとして書きとめておき、しまっておくことである。こうしたまだ書かれていない論文の多くは、あなたにふさわしい研究ではないかもしれないが、なかにはふさわしいものもあるだろう。残りは、あなたの友人や未来の学生のテーマになるかもしれない。あなたは、かれらがとりくむことができるプロジェクトを考案することにより、おおいに貢献したことになる。

大学院の授業が終わったあとで、その都度、その科目の授業で取り扱ったトピックにおいて何が欠けていたかについて、メモしておくことである。どのような重要な問題が取り扱われないままになっていたのか。あなたはまだ発表されていない文献でどのような答えを見つけることができると思ったのか。どのような研究プロジェクトであれば、そうした答えを提供することができるだろうか。

博士候補生になるための試験は、既存の研究において欠落している部分を見つけるために、専門分野をくわしく調べるもう1つの機会になる。これにより、あなたは専攻分野の最先端を概観したことになる。このときにこそ、先行研究にないことが判明した問題や答え、さらにはそうした答えを提供しそうな研究

Power (New York: Praeger, 1970), pp. 246, 261.

について，メモしておくことである。

　博士論文のテーマは，公共政策をめぐる論争のなかに見つけることもできる。まず，あなたが関心をもっている政策論争を徹底的に研究することである。それから，対立する両者を相反する結論へと追いやった事実や理論に関して，その主な争点を明らかにするのである。そして，こうした争点の1つまたはいくつかに焦点をあてる研究プロジェクトを考案する[3]。このように探せば，未解決で重要な公共政策の問題に密接な関係がある研究課題を見つけることができる[4]。

■論文構成

　優れた博士論文には，論旨，つまり一貫した主張あるいは関連する一連の主張がある[5]。あなたの博士論文に論旨がなければ，もう一度考え直すことである。あまりにも多くの論旨があるならば，あなたの考えをもっとシンプルに整理する方法を考えてみることである。

■博士論文の研究計画書

　あなたの博士論文の研究計画書（Prospectus）は，研究助成金を申請する際に役に立つ。研究計画書は，5～10ページ程度の長さにしたらよい。研究計画書では，あなたがとりくもうとしている問題，その問題を研究するに値する理由，あなたが現時点で想定している作業仮説（あなたが見つかるだろうと期待している答え），調査方法，これらの方法を選んだ理由について，書く必要がある。

---

[3] チャールズ・グレイザー（Charles Glaser）は，研究テーマを発見するためのやり方としてこの方法を薦めている。

[4] テーマを選択するのに役立つ文献としては，Madsen, *Successful Dissertations*, pp. 32-50 および Sternberg, *How to Complete and Survive a Doctoral Dissertation*, pp. 91-105 がある。

[5] 単なる歴史型あるいは記述型の論文はこの要件を満たしていないが，それでもなお，著者は自分が提示する資料のなかに表れる何らかの主旨や枠組みを明らかにして，それらをはっきりとさせるべきである。

研究計画書には，研究論文と同じように脚注をつけた方がよい。あなたが選んだテーマの先行研究について，きちんとした参考文献の脚注をつけることも大切である。

　そして，研究計画書を提出するまえには，友人や仲間の大学院生に回覧してコメントや批判を求めるとよい[6]。

■序　章

　序章の部分と終章はほとんどの博士論文でもっともよく読まれるところであり，多くの場合はそこだけしか読まれないため，そこをどのように構成するかは，とくに注意する必要がある。

　博士論文は，全体の中身を要約した序章からはじめるべきである。序章であなたの主張や議論を最初に明確にしておくことで，読者は，あなたが提示する証拠をあなたの意見や主張と照らし合わせて評価しやすくなる。こうすることで，あなたの論文はより読みやすくなる。

　あなたの博士論文の要約となる序章は，以下の6つの質問に対する回答を示すべきである。

1. あなたは，どのような（諸）問題にとりくむのか。問題をはっきり書き表すべきである。博士論文では，理論を提唱したり，理論を検証したり，歴史上の出来事を説明したり，あるいは過去もしくは現在の政策や政策提言を評価したりすることができる。博士論文は，先行研究を要約して評価することもできる。現在の状況や歴史上の出来事を記述することもできる。博士論文では，これらのいくつか，あるいはすべてが可能なのである。あなたの博士論文は，上記のなかでどの役割を果たそうとしているのかをはっきりと示さなくてはならない。

　　このような問題は，具体的な答えが出るようなかたちで書き表しなさい。「われわれはどのように理解したらよいのか」という言葉ではじまる問題

---

[6] 博士論文の研究計画書については，第5章も参照すること。

(たとえば,「われわれは核革命の意味をどのように理解したらよいのか」,あるいは「われわれはナショナリズムが台頭する過程をどのように理解したらよいのか」)は,あまりにも多くの解釈が可能なために,はぐらかした対応(たとえば「核革命の意味はロバート・ジャーヴィスの著書を読めば理解できる」)でもかたちのうえでは答えとみなされてしまう。「核革命がもたらした結果は何であるのか」とか,「ナショナリズムの原因は何であるのか」といった,焦点が絞られた問題の方がよい。つまり,「原因」または「結果」を追究する問題や,「スターリンによる犠牲者は,どのくらい多かったのか」といった具体的な記述を求める問題の方がよい。その方が,あなたが問題にきちんと答えているかどうか,読者にはわかりやすいからである。

2. なぜこれらの問題が生じたのか。すなわち,どの学術文献あるいは実社会の出来事に端を発するのか。これらの問題に関して,先行研究ではどのようなことが書かれているのか。その分野の最先端の研究状況はどうなっているのか。

あなたの問題が,いま研究の盛んな分野の学術文献に端を発するのであれば,序章のなかでその文献について議論し,脚注で補助的な文献あるいは関連する文献について言及すべきである。これらの文献で展開されているいくつかの論争に注意を払い,論争の発端や進展について説明し,賛成・反対両方の立場からの主張を詳述し,現状をまとめなさい。そして,事実もしくは理論について,継続的な意見の相違のもとになっているポイントを指摘しなさい。既存の文献で抜け落ちている部分についても指摘すること。つまり,どの問題がまだ調査されていないのかということである(そのなかにあなたの扱う問題があることを期待しよう)。継続的な論争を支えている動機について,解釈を加えるのもよいだろう。もしなんらかの動機があるとすれば,どのような政治上あるいは方法論上の動機によって論者たちの意見が分かれているのだろうか。こうした論者たちは実直な学者なのか,それとも論客として雇われた学者なのか。要するに,あなたが研究しようとしている分野で何が起こっているのかを説明すればよいのである。

あなたがとりくんでいる問題が,歴史上または現代の出来事に端を発するものであれば,これらの出来事を詳述し,それらが重要であることを説明し

たうえで，なぜあなたが問題として取り扱うにいたったのかを説明しなさい。また，あなたが扱うテーマに関して先行研究があるならばそれに言及し，そこで何が抜け落ちているかを指摘する必要がある[7]。

3. あなたは，どのような答えを提供するつもりなのか。序章では，あなたの結論を明確に要約するべきである。その要約は，読者が序章を読んだだけであなたの議論の要点を把握できるように，くわしく書く必要があるので，少なくとも数ページにはなるはずである。

　結論を論文の最後の方まで明らかにしないというまったく逆の戦略は，読者をいらだたせるものでしかない。もっというと，あなたの主張は，序章より後の部分を読もうとしない読者には理解されない。

4. あなたは，どの競合する説明，議論，解釈，または枠組みを棄却したり，反駁したりするつもりなのか[8]。あなたが退けようとしている著書や論文，見解を明らかにすることである。

　あなたの博士論文に関連するあらゆる論争や文献とあなたの博士論文を結びつけなさい。博士論文が複数の論争や文献に関連しているのであれば，それぞれの論争への参加者が，あなたの研究は自分たちに関係があると気づくように，はっきりと書くべきである。これはお互いのためになることである。かれらはあなたの研究を引用するだろうし，あなたを有名にもしてくれるだろう。

5. あなたは，どのようにして答えに到達するつもりなのか。あなたが採用する方法論とデータの出所について簡単に書いておくことである。事例研究を行っているのであれば，どのようにしてその事例を選んだのかを説明しなさい。公文書を用いた研究をしているのであれば，そのことを示し，あなたが利用した公文書や情報源を明らかにしなさい。インタビューをした場合は，インタビューの対象者やその方法について少し説明しておきなさい。統計手法にもとづく多数事例の研究を行うのであれば，あなたが使っているデータ

---

[7] 順序に関していえば，序章を上手に書くには，あなたの扱う問題もしくはその問題の背後にある歴史・事実上の文脈から書き始めるとよい。まず，あなたの問題意識をかき立てるもとになった事実を述べ，つぎにそうした事実からもたらされた問題を書くとよい。

[8] 章立てをうまく行うには，この4の質問と2の質問に同時に答えるとよい。

ベースの出所と構成について説明し，読者のうちで統計学を忘れてしまった多くの人にもわかるように分析手法を説明しなさい。あなたがたとえば新聞記事のようなほかの証拠を使っているならば，その特徴について説明しなさい。あなたが主に演繹的アプローチをとるのであれば，そう説明しなさい。

あなたが使うだろうと読者が考える方法や情報源があるのに，何らかの理由でそれを使わなかった場合は，そのことを断ったうえで，そう決めた理由を説明しなさい。入手不可能であることが判明した証拠や実行不可能であるとわかった研究も指摘しておくのがよいだろう。あなたが答えなかった重要な問題がある場合は，それがどんな問題なのかを明らかにし，なぜそれに答えることができなかったのかを説明する必要がある。あなたの研究に足りないところを遠まわしに書くのではなく，その部分を序章で正直に説明しなさい（とはいえ，へたな言い訳をしないですむような研究をすることである）。

6. 序章のつぎに何がくるのか。博士論文の残りの部分について，見取り図を示すこと。たとえば，「第1章では，どのようにしてわたしが犯罪の道に入ったのかを説明する。第2章では，はじめのころの逮捕歴についてくわしく述べ，第3章では，死刑へといたる道筋を記述し，第4章では，一般的な理論的結論や政策上の示唆を述べる」などといった具合である。

博士論文では，第1の質問（「あなたの問題は何であるのか」），第2の質問（「なぜこの問題が生じるのか」），そして第3の質問（「あなたの答えは何であるのか」）がもっとも重要である。これらの質問に注意して答えなくてはならない。

このような全体の中身を要約した序章は，あなたが博士論文で何を言い，何を言わないのかについての混乱を少なくする。また，このような序章は，著者にとっては診断的な役割を果たすものである。要約を書くという作業は，あなたの議論の構造に内在する矛盾やほかの欠点に対して注意を喚起してくれる。それによって，修正する必要がある問題を見つけやすくなる。

序章は，あなたが最初に書くべき章であり，あなたが最後に仕上げるべき章でもある。序章はあなたの博士論文の要約である以上，ほかの章を書き終えて，それらの章で何を言っているのかがわかるまで完成させることができない。そ

のため，博士論文の残りの部分を書き終えるまで，序章の推敲に時間を費やしてはいけない。

■終　章

あなたが全体の中身を要約した序章を大まかに書いた場合，終章で自分が提示した問題とその答えを要約したくなるかもしれない。しかし，わたしとしては，終章ではあなたの研究の要点だけをごく簡単にくり返し，その研究が示唆するものについて，もっと詳細に検討することを勧めたい。あなたの研究上の発見から，どのような政策に関する示唆が導かれるのか。あなたの研究はどの一般理論に疑問を投げかけ，どの一般理論を補強するのか。何かより大きな歴史上の問題を提起したり解決したりするのか。あなたの研究上の発見により，今後どのような研究が求められているのか。終章こそが，あなたの研究のもつより重要な意味について述べる箇所なのである。

■研究デザインとプレゼンテーション
――知識を蓄積するための規範の遵守

政治学は，これまでに解決された問題はほとんどなく，同じ論争点が何度も再考されるため，よく批判をうける。こうした事態は，社会科学者が知識の蓄積を促すやり方に従うならば改善されるだろう。そのためには，以下の指示に従うのがよい。

1. 研究を始めるまえに研究デザインを考えること。この決まり文句は，破る方が立派だとされることがあまりにも多い。「研究デザインの主な目的は，当初の研究課題と証拠が合っていない事態を防ぐのに役立てることである」[9]。研究デザインを考えずに研究にとりかかる人は，研究課題と証拠がかみ合わなくなる危険を冒すことになる。

9　Robert K. Yin, *Case Study Research: Design and Methods*, 2d ed. (Thousand Oaks, Calif.: Sage, 1994), p. 20（近藤公彦訳『ケース・スタディの方法［第2版］』千倉書房，1996年，29頁）。

2. あなたの議論を明確に組み立てること。あなたの言いたいことを読者が理解してはじめて，知識が蓄積されるのである。

あなたの博士論文が，理論を提唱したり，検証したり，あるいは適用したりするのであれば，読者はその理論を「アローダイヤグラム（矢印の図式）」で表すことができるはずである[10]。あなたの仮説がアローダイヤグラムにできないのならば，あなたが書いていることと，おそらくあなたの思考もあいまいすぎるのだろう。そのような場合，あなたのプロジェクトをもう一度考えなおすことである。このアドバイスは，純粋に理論的な研究や政策志向の研究にあてはまる。政策に対する処方はすべて理論にもとづいており，政策志向の優れた著作は，こうした理論をはっきりと書き表しているものである。

あなたの博士論文が主として記述的か歴史的なものであるならば，あなたの主要な研究上の発見について，博士論文のなかで少なくとも1回，できればはじめの方ではっきりと要約すべきである。

あなたの博士論文が，理論もしくは説明を検証するものであれば，証拠を提示するまえに，その理論や説明からの予測（あるいは「観察可能な示唆 (observable implications)」）をはっきりと示しなさい。理論や説明は，それらの説明部分から予測を推論し，証拠によってその予測が確証されるか否かを問うことにより検証される。あなたの提示する証拠によって検証しようとしている予測を，読者にわかるようにはっきりと示して，この過程をくわしく解説すべきである（ほとんどの著者はこのステップを省略してしまうが，それは賢い選択ではない）。

証拠によって反証されたことや，検証不可能であると判明したことも含めて，あなたの理論から派生したすべての予測を示すこと。検証に失敗した予測は明らかにされるべきであり，そうした失敗は告白されなくてはならない。予測のいくつかが確証され，いくつかが失敗したならば，そのように述べて解釈を示す必要がある。

したがって，あなたの博士論文の全体の体裁は，(a)理論・説明を組み立てること，(b)そこから予測を推論すること，(c)検証を行うこと，(d)解釈を示す

---

10 アローダイヤグラムについては，第1章の「理論とは何か」の節を参照のこと。

こと，とするのがよい。
3. 完成したものであること。あなたの博士論文は，そのテーマに関する文献を徹底的に調査し，証拠を十分に反映したものでなければならない。脚注では，あなたのテーマに関連する重要な文献を包括的に網羅すべきである。このためには，あなたは自分のテーマをあらゆる面で把握しておく必要がある。
4. 事実に関するすべての情報源とその中身の記録を残すこと。このためには，証拠を保管したり引き出したりするための自分なりの優れたシステムをもつ必要がある。わたしの経験から1ついえることは，必要かどうか迷ったときはコピーをとっておくことである。あなたが博士論文で使ったり引用したりする可能性のあるものは，すべてコピーしなさい。こうしておくと，データの引き出しや情報源の記録が楽になる。
5. 「自分自身の主張に反論してみること」。懐疑的な読者が提起するかもしれない反論を意識して，本文のあとの方で手短に対応しておきなさい。反論に対してあなたが譲歩するべきことは譲歩したうえで，なぜそれ以上は譲歩しないのかを説明すること。こうすれば，あなたは提起される可能性のある反論や別の解釈を十分考慮してきたことを読者に示すことができる。また，あなたの研究への根拠のない批判を封じることにもなる。
6. 研究の第1段階において，もっともらしい答えに見当をつけるための調査（もっともらしさの調査〔plausibility probe〕）を行うこと。言い換えれば，研究をするまえに答えを見つけることである。実験科学のモデルというものは，問題提起からはじまって，仮説，予測，実験，そして結論へと進んでいく。この機械的なプログラムが社会科学でうまくいくことはほとんどない。そのかわりに，われわれは問題提起から始めて，仮説，予測，データの探究（つまり，もっともらしさの調査），仮説の修正，予測，より大量のデータでの探究，そして結論にいたる。要するに，われわれは答えからはじめて立証するというように，「逆行する」ことが多い[11]。これは，徹底的に調査を行わないといけない答えになる可能性のあるものの範囲を狭めるためなのである。そうしないと，データをおおざっぱに見ただけで反証できるような仮説まで

---

11 当然ながら，よりくわしい研究がもっともらしさの調査の結果を覆すのならば，これを報告する。学者は証拠が導くところに進むということだ。

も徹底的に検証して，むだな労力を使うことになる。
7. あなたの博士論文が修正したり否定したり，乗り越えようとしている先行研究を明示しなくてはならない。博士論文が理論的または政策志向的なものであるならば，あなたが反証する研究の著者名を明示すること。博士論文が記述的または歴史的なものであるならば，あなたが修正しようとしている既存の説明がまさに何であるのかを明示する必要がある。このようにすると，あなたに乗り越えられる著者は気分を害するかもしれない。しかし，こうでもしなければ，読者は時代遅れになった研究を引用し続けることになる。

方法論上の技術は，どうすれば磨くことができるのか。それは，あなたが高く評価している研究を，その著者が研究プロジェクトをどのように遂行したかに注意しながら読み返すことである。その著者が正しく行ったことやまちがって行ったことについてあなたなりの見解をもち，著者が使った方法や情報源に注目しなさい。そして，類似した方法や情報源が，あなたの博士論文になる可能性のあるプロジェクトにとって，適切であるかどうかを考えなさい。

■執　筆

よく書けている博士論文の方が，出版されたり，授業の際に参考文献として指定されたり，引用されたりする可能性が高くなるだろう。そこで，以下の点に留意すること。

1. シンプルであることもよいことである。あなたの博士論文は，1つの主要なポイントかいくつかの関連したポイントについて立証すべきであり，明確でシンプルな構成にすべきである。
　　博士論文に（よく学生がやるように）余分な装飾や奇怪な彫像のような不必要なものをつけるのは避けること。何かを調査したというだけで，それをすべて草稿にいれることはない。草稿から削除するのはつらい。なぜならば「このことに何時間もかけて苦労した」のだから，あまりにも酷である。しかし，研究の世界では，あなたが行った作業の半分は，捨て去られるか今後

の研究プロジェクトのためにとっておくものである。

プレゼンテーションの論理は発見の論理とは違う。あなたの研究は発見の論理に従ったものであるが、執筆にあたってはプレゼンテーションの論理に従うべきである。つまり、問題から答えへと、シンプルにわかりやすく進むべきである。発見したのと同じ順番で発見した内容を書くやり方が賢明であることは、ほとんどない。

博士論文は、大学の学部生の読者でも理解できるレベルで書くこと。あなたの指導教員しか理解できないようなレベルで、論文を書いてはいけない。大学の授業で使ってもらえない研究は、ほとんど影響力がない。したがって、ごく普通の学生を念頭において書くように努めるべきである。

2. 博士論文の章立てとしては、以下の構成が適切であることが多い。
   a. あなたの主張。
   b. その裏づけとなる証拠。
   c. あなたの主張への反論やただし書き、その制約条件。
   d. 簡単な結論。ここにはあなたの主張が示唆することについてのコメントやそうした示唆から生じる諸問題などが含まれる。
3. それぞれの章は、その章で提示される議論を要約したパラグラフ（段落）ではじめること。要約は、全体の中身をまとめた序章と内容が重複しているような場合、最終稿からは削除されることになるかもしれないが、初稿では残しておくべきである。要約は、指導教員や友人があなたの原稿の各章を読んだり、コメントをしたりする際に役に立つものである。これらの要約が違和感なく収まるのであれば、削除せずにそのまま残しておきたいと思うかもしれない。最後に、それぞれの章で必ずあなたの主張を要約することは、あなたの議論の矛盾点や欠点を直視するためのよい方法である。

   要約は、その章を書き終えたあとにもっともうまく書けることが多いのだが、とにかく要約をどこかの時点で書き加えておくことを忘れてはならない。
4. それぞれのパラグラフは、そのパラグラフの要点を抽出したトピックセンテンスで始めること[12]。それより後の文は、トピックセンテンスのポイント

---

[12] トピックセンテンスは、パラグラフのなかの第2番目の文にもっていくこともできるが、それより後ろにもっていくべきではない。

を説明するか詳述するための補強材料を提供すべきである。さらにその後には，ただし書きもしくは反論への反駁が続くべきである。要するに，パラグラフは章全体と同じような構成にすることである。

　読者がすべてのパラグラフの最初のいくつかの文を読んだだけで，博士論文の要旨をつかめるようにしなければならない。

5．それぞれの章は，番号をふった節と小節に分割すること。小節は少ないよりも多い方がよい。それらは読者があなたの議論を理解するのに役立つからである。各節にはその中身がはっきりと伝わるような見出しをつけて，それぞれの節あるいは小節に分けるとよい。

6．短い平叙文で書くこと。受動態は避けること（受動態では「富農層が殺された」となるが，いったいだれが殺したのか。能動態では「スターリンが富農層を殺した」となる）。

　執筆に関してさらにアドバイスが欲しい場合は，William Strunk Jr. and E. B. White, *The Elements of Style,* 3d ed.（New York: Macmillan, 1979）および Teresa Pelton Johnson, "Writing for *International Security:* A Contributor's Guide," *International Security* 16 (Fall 1991): 171-80 を参照すること[13]。

7．事例研究を行う場合，そのまえに，その事例についての詳細な年表を書くとうまくいくことが多い。その事例に精通するのに役立つからである。そのあとで，資料を整理し直して事例研究に入るとよい。

■書　式

研究を始めるまえに，あなたの所属している研究科や大学で推奨されている書式（引用の仕方，参考文献一覧の形式など）に関するマニュアルを入手し，脚注での出典の示し方や参考文献一覧の書き方について解説している節に目を通すこと。そうすれば，あなたは研究を進めながら引用に必要な情報をすべて収集することができるだろう。そうしないと，あなたは必要な情報を集めるた

---

[13] その他の執筆に関して役に立つ手引書は，本書巻末の参考文献に列挙してある。

めに，あとになってからそれまでのステップを逆戻りしてむだな時間を費やさなくてはならなくなるかもしれない。

博士論文では，一般的な3つのフォーマットがよく使われる。(1)シカゴ大学のフォーマット。これは参照文献を脚注もしくは論文末尾の注に書きこむもの。(2)現代言語学会 (the Modern Language Association, MLA) のフォーマット。本文のなかに参照文献をカッコ書きで入れるもの。(3)アメリカ心理学会 (the American Psychological Association, APA) のフォーマット。これも本文のなかに参照文献をカッコ書きで入れるが，それ以外の点ではMLAフォーマットとは異なる。シカゴ・フォーマットがもっとも読みやすく，その他のスタイルは本文が参照文献などでごちゃごちゃしている。もしあなたの研究科で許されるのであれば，シカゴ・フォーマットを使うとよい。

シカゴ・フォーマットのルールはKate L. Turabian, *A Manual for Writers of Term Papers, Theses, and Dissertations*, 6th ed., rev John Grossman and Alice Bennett (Chicago: University of Chicago Press, 1996)〔原書第4版の邦訳として，高橋作太郎訳『英語論文の書き方』研究社出版，1980年〕にまとめられているので，この本の指示に逐一従うこと。書式にミスがあると，あなたの草稿は素人っぽく見えてしまう[14]。

■ほかの人に読んでもらうこと

博士論文の何章かを書き終えたら，何人かの友人に渡してコメントや批判を求めること。恥ずかしがってはいけない。学問の第一の法則は，「三人寄れば文殊の知恵」なのである。ほかの人に読んでもらうことによって，あなたの論文の質は高まるだろう。

---

[14] MLA書式は，Joseph Garibaldi, *MLA Handbook for Writers of Research Papers*, 4th ed. (New York: Modern Language Association, 1995)（原田敬一監修，樋口昌幸編『MLA英語論文の手引［第6版］』北星堂書店，2005年）に書かれている。APA書式は，American Psychological Association, *Publication Manual of the American Psychological Association*, 4th ed. (Washington, D.C.: APA, 1994)（江藤裕之・前田樹海・田中健彦訳『APA論文作成マニュアル』医学書院，2004年）に書かれている。3つのフォーマット（シカゴ，MLA，APA）はすべて，Carole Slade, William Giles Campbell, and Stephen Vaughan Ballou, *Form and Style: Research Papers, Reports, Theses*, 9th ed. (Boston: Houghton Mifflin, 1994) に要約されている。

あなたの書いた章が本当に中途半端なものであるのならば，そして最初のころに書いた博士論文の章はたいていかなりひどいものなので，慎重に進めることである。おそらく，まったくの他人にはそれを見せないようにするのが最善だろう。その人はこれらの章を読んで，あなたが無能で救いようがないと結論づけてしまうかもしれない。しかし，あなたが無能ではないことをわかってくれている信頼できる友人には，あなたの章の状態が無能さを示しているようだとしても，見てもらうとよい。かれらは，それらの章がきちんとしたものになるように，手を貸してくれるだろう。

逆に，ほかの人から自分の論文を読んでほしいと頼まれたときは，その仕事に本気でとりくむこと。ほかの人が書いた論文の質を高める手伝いをすることは，重要な職業上の義務なのである。この義務を果たすにあたって，あなたの同僚の論文が思考停止の徴候を示していたら，改善の余地がかなりあることを伝えながら，哀れに思って同情してあげることである。

読んでもらったり批判を求めたりする際には，教授たちだけをあてにしてはならない。あなたの友人たちも同じくらい，あるいはもっと重要な役割を果たしてくれるはずである。

大学院生は，仲間の学生を距離を置くべき競争相手とみなして協力せずにいることが時々ある。これは2つの理由で重大な誤りである。第1に，高潔な人間らしくない。あなたは，私生活であれ職業生活であれ，高潔な人間でありたいと切望すべきである[15]。世界はより多くの高潔な人間を必要としている。だから，そういう人間になればいい。あなたの母親も，そしてわたしも，こうした希望をあなたが心に刻んでくれることを願っている。そうしてくれるならば，われわれはあなたを誇りに思うだろう。そして，高潔な人間は仲間の学生や同僚を助けるものである。第2に，仲間の学生から遠ざかっていることは，キャリア・マネジメント上の大失敗である。社会科学の歴史は，学者同士で，助けあって能力を高めるコミュニティを形成し，それによって孤立した同僚をしの

---

15 高潔（Mensch）とは，「正直で，尊敬すべきで，上品な人」であり，また「有力者で，敬服して模範にしたい人で，高貴な品格の人」（由来はイディッシュ語）を意味する。Leo Rosten, *The Joys of Yiddish* (New York: McGraw-Hill, 1968), p. 234. 高潔を意味する Mensch とは，男女の両方にあてはまる性区分のない言葉である。

いできた者による勝利と発見の記録である。お互いに助けあう者は秀でて栄えるのに対して、ピラニアのように行動するものは落ちぶれることが多い。同僚のあいだで助けあう行為と職業的成功のための原理のあいだには、本当に何の対立もないのである（この点については、ロバート・アクセルロッド著『つきあい方の科学』の 65-69 ページ〔原著 pp. 63-66〕に、学究生活で成功するカギについてまとめてあるので、よく読んでおくこと)[16]。

■ 要　旨

あなたの博士論文について、わかりやすくて説得力のある 1 ページもしくは 2 ページの要約を早い段階で書きなさい。あなたが博士論文の各章の草稿を人に回覧するときには、あなたの書いていることのおおまかな趣旨を読者がつかめるように、この要旨も回しなさい。

博士論文の各章の草稿を回覧するときには、各章の見出しをつけた仮の目次も添付すべきである。これは読者が全体像を把握するのに役立つ[17]。

■博士論文委員とのつきあい方

あなたの指導教員には、博士論文のプロポーザルに対して示唆に富む意見を述べ、あなたが章を書き進めるにあたっても何らかの意見を述べる義務がある。しかし、これはあなたの博士論文なのであって、指導教員のものではない。表紙にはあなたの名前が載るのである。もしもあなたが本当に行きづまってしまったのならば（時々そうなるだろうが）、助けを求めなさい。しかし、全過程を通して、だれかに助けてもらうことなどを期待してはいけない。あなたの指導教員には、あなたが自分の問題のほとんどすべてを解決し、他人を巻き込むまえにあなた自身で解決策を探すことを期待する権利がある。

16　Robert Axelrod, *The Evolution of Cooperation* (New York: Basic Books, 1984)（松田裕之訳『つきあい方の科学——バクテリアから国際関係まで』ミネルヴァ書房、1998 年）。
17　あなたのプロジェクトをよく知らない読者に各章を回覧するときは、研究計画書も付けるとよいだろう。そうすれば読者は、あなたが当初何を行おうとしていたのかを把握することができる。

第4章 政治学の博士論文を書くために役立つヒント　　　115

　あなたの博士論文委員は，あなたの博士論文の（各）章を1回だけは念入りに読む義務がある。くり返し読んでもらうことを期待してはいけない。面倒見のよい指導教員は1回以上読んでくれるかもしれないが，それを期待してはいけない。したがって，あなたは，どの時期に草稿を論文委員に読んでもらうかを慎重に選ばなくてはならない。

　論文委員に見てもらうまえに各章の原稿を推敲すること。草稿が大変粗雑だと，論文委員は読むのに非常に長い時間がかかるし，有用なコメントをしにくくなる。そこで，草稿を論文委員に送るまえにすべてをきちんと整えること（あなたが執筆の初期段階で修正すべきところを論文委員に教えてもらいたいのであれば，中途半端な草稿ではなく詳細なアウトラインに対するコメントを指導教員に求めるべきである）。

　指導教員のアドバイスは注意深く聞くこと。おそらく，ほとんどのアドバイスは賢明なものだろうが，なかには見当違いなものもあるかもしれない。誤ったアドバイスに従う必要はないが，あなたがそれを受けいれない場合には理由が必要である。

　指導教員に同じことを二度くり返させてはならない。指導教員を相手にするときは，あなたの専門家としての気質が表れるものだ。

■気力の維持，家族や友人とのつきあい方

　博士論文を書くことは，強い意志の力を必要とする困難で孤独な作業である。この意志の力を奮い起こすための最善策は，あなたを奮い立たせるようなテーマを選ぶことである。つまり，あなたの情熱をかき立てるテーマの方が，研究分野のいまの流行に合っていても，あなたがそれほど関心をもてないテーマよりもよい。

　学問に携わる者の配偶者や大切な人，両親，友人は，博士論文を書くことが何よりも重要であって大変困難であると十分に理解できないことが多い。何カ月にもわたる奇妙な行動，すなわちマンホールに落ちてしまうようなうわの空の状態，うつろなまなざし，鬱蒼とした図書館の書庫へとまるで永遠の世捨て人のように消えてしまうこと，アパートをおびただしいカードや紙の山ですさ

まじく散らかすこと，他人に聞こえてしまうのにぼそぼそと独り言をいうことなどに，かれらはいらいらしてくる。あなたは知の敵に対して強くなければならない。かれらの無知と非難を許してあげること。しかし，週末にはサボろうとか，海に行こうとか，飲みに行こうとか，普通の人間らしく行動してほしいというかれらの懇願に譲歩してはならない。博士論文を書いたことがない人は，プロジェクトに集中しつづけることがいかに大切であるかを決して理解できない。あなたにできる最善策は，あなたのキャリアは一定水準の博士論文を書くことにかかっており，一定水準の博士論文を書くことはエベレスト山に登るようなものであると，かれらに何度も説明することである。つまり，それは成しとげられるものではあるが，用意周到な準備とその仕事に集中的にとりくむことによってのみできることなのである。この方法がうまくいかない場合は，同じ苦しい立場を共有している博士論文を執筆中の友人との親交に慰めを得て，学位を取得するまえに離婚届が来ないよう願うことである。

■博士論文の書き方についてもっと知るためには

あなたのアプローチに似たやり方をしている好きな本を何冊かくり返し読んで，より優れたところを真似すること[18]。

---

[18] たとえば，歴史型の事例研究を行っている学生には Barry Posen, *Sources of Military Doctrine* (Ithaca: Cornell University Press, 1984) および Stephen Walt, *Origins of Alliances* (Ithaca: Cornell University Press, 1987) を見るように勧めたい。これらの本の理論に関する章はよく書けているので，あなたが理論の章を書いて迷ったときには真似するとよい。

第5章
博士論文の研究計画書

あなたの博士論文の研究計画書は，社会に対してあなたのプロジェクトを説明するものである。これは研究助成金の提供団体や研究機関があなたを支援したり，友人や同僚からあなたのプロジェクトについてコメントや提案を引き出したりするために使われる。

研究計画書は，あなたの博士論文が答えようとしている問題を提示し，どのようにしてそれに答えようとしているのかを説明する。また読者にあなたが研究する問題が重要であり，あなたの研究上の行動計画が現実的であることを説得するものである[1]。

研究計画書では，以下の5つの質問に答えるべきである。

1. あなたはどのような（諸）問題にとりくむのか。
2. なぜこの問題が生じたのか（どのような学術論争または実社会の出来事に端を発するのか）。なぜそれが重要な問題なのか。あなたのプロジェクトの由来と重要性について簡単に説明すること。
3. この問題に関して，先行研究では何が書かれているのか。そのテーマに関する「最先端」の研究状況を紹介すること。

---

[1] 研究計画書の執筆に関するその他の有用な議論としては，David Madsen, *Successful Dissertations and Theses: A Guide to Graduate Student Research from Proposal to Completion*, 2d ed. (San Francisco: Jossey-Bass, 1992), pp. 51-80; David Sternberg, *How to Complete and Survive a Doctoral Dissertation* (New York: St. Martin's Griffin, 1981), pp. 72-107 を参照すること。

あなたがとりくむテーマについて，かなりの先行研究がすでに存在しているならば，多数派と少数派の見解に分けて説明し，（関連文献を脚注で示しながら）そのテーマに関する重要な論争がどのように展開されてきたのか，その概要を述べる必要がある。

　　　ただし，質問 2 と質問 3 はしばしば 1 つの論述としてまとめて答えることが可能である。

4. あなたは，どのような作業仮説を探究しようとしているのか。あなたが研究を一通り終えるまでは答えを確信できないが，どの辺を調査しようとしているのか，研究計画書の読者は知りたいものである。
5. あなたは，どのようにして答えに到達するつもりなのか。あなたが選ぶ方法論について，なぜそれを選ぶのか，そしてどのようにそれを実行するつもりなのかを簡単に説明すること。あなたが事例研究を行っているのならば，事例を明確にし，その選び方について説明すること。多数事例のデータセットを分析しているのならば，それを明確にして特徴を述べること。インタビューやほかの方法でのフィールドワークをしているのならば，どのようにそれを行うのかを手短に説明すること。あなたが質問調査（サーベイ・リサーチ）を行っているのならば，調査対象を簡単に説明すること。公文書を用いた調査をしているのであれば，どの公文書や資料を使うのかを説明すること。たとえば新聞記事といったほかの記録を使っているのならば，これを明らかにすること。あなたのアプローチが主として演繹的なものならば，このことを明確にすること。あなたが使うだろうと読者が期待する方法論を何らかの理由で使わない場合は，このことを断っておき，そう決断した理由を簡単に説明することである。

　あなたはこれらの質問について，〔英文の場合は〕ダブルスペース形式にして，だいたい 5〜10 ページの長さで答えるべきである。あなたの研究計画書にも研究論文のように脚注をつける必要がある。あなたが使おうとしている情報源を抜粋した 1〜2 ページの仮の参考文献一覧を付けるのもよいだろう。

　研究計画書の書き方についてもっと知るためには，優れた研究計画書を書いたと評判になっている友人に見せてもらえないか頼むとよい。ほかの人から高い評価を得た研究計画書を細心の注意を払って読むことである。

第6章
職業倫理

　多くの職業には倫理規定があり，専門職大学院では職業倫理が教えられている。たとえば，いまでは法律やビジネス，医学を学ぶほとんどの学生は，どこかの時点で職業倫理に関するコースを履修する。

　社会科学も3つの理由で，職業倫理について議論したり教えたりするべきである。第1に，世間一般の人びとは，社会科学者が責任をもって一般的な職務を遂行すると安易に期待してはいけない。市場の力がわれわれに実用的な研究成果を出すように強いることはない。しかし，こうした圧力がないと，われわれは社会のやっかい者に成り下がる危険がある（だれに対しても説明責任をもたない集団は，人の役に立つことはめったになく，やっかい者かそれ以下の存在になることが多い）。社会に対するわれわれの義務を規定する職業倫理が共有されると，われわれに説明責任を強いることになり，その結果，われわれと世の中のあいだにある説明責任のギャップは小さくできる。

　第2に，われわれの学生は，われわれが責任を果たすと簡単に期待することはできない。われわれの教え方が悪い場合，それについてかれらにできることはほとんどない。したがって，われわれは教師としてきちんと振る舞う責任を自分自身に課さなければならない。われわれの教育義務を規定した倫理は，自己責任を果たすためのメカニズムになりうる。

　第3に，私生活や職業生活のあらゆる場での適切な行動に関する規範がわれわれのあいだで共有されていないと，混乱を招いたり，当事者を傷つけたり，仲裁者として行動しなければならないほかの人の時間を消耗する悲劇すら引き

起こしてしまう。こうした混乱や悲劇は，お互いの職業上の行動規範に関するより広範で明確な合意に達していれば，少なくすることができるかもしれない。

職業倫理についてのコースで扱うトピックとしては，以下のものがあるだろう。

1. 社会科学者は実社会に対してどのような義務があるのか。社会との直接的な関連性なのか。誠実さなのか。それともほかの何かなのか。われわれとより広い社会とのあいだには，ある種の社会的契約があるのか。あるいは，われわれには，自分の好きなように行動する自由があるのか。

社会科学は実社会と関連性をもつ義務を負うという見方がある。われわれは社会と暗黙の契約を結んでいる。つまり，学問の自由と特権とを引き替えに，相応の精力を注いで社会のより差し迫った問題に答えることに同意している，という見方である。このことは，ニュースの主な見出しを追うことを求めているわけではない。政策研究もしくは今後政策上の示唆をもつかもしれない，より抽象的な研究を行うことで，われわれは義務を果たすことができる。しかし，社会科学が社会とまったく関係のないことにおちいるのならば，それは契約に違反することになるし，また大半の研究はそうなっている。

社会科学には，必要ならば嫌われ役になる義務もある。社会についての重要な考えの多くには，だれかを傷つける分配効果があり，その対象となるのは口やかましい者か有力者であることが多い。かれらを冷静にさせることはわれわれの仕事の一部である。われわれはそれを予期したうえで，研究の方向が逸れないようにすべきである。われわれには終身雇用という特権が与えられているため，それに立ち向かうことができるし，批判を恐れるあまり研究の方向を転換してしまうのならば，われわれはその特権をむだにして乱用することになる。

歓迎されない事実を述べることにかわって知的流行を追ったりどっちつかずの態度をとることは，思いとどまるべきである。

2. 社会科学者はどのような義務を学生に負っているのか。

教師の任務は，自分でよく考えることができる教養のある男女を輩出することであるという見方がある。このためには，自分たちの複製を増やしたい

という衝動を抑え，学生に対しては，われわれの考えと対立するような（恐るべき）考えも含め，かれら自身の考えをもてるよう十分寛容になることが必要である。

　われわれはみな自分の考えに愛着があるが，それらを表明する場所は著作のなかである。われわれはそこで明確な主張を展開しなくてはならない。教育においては，われわれは未開拓や未解決の問題（パズル）を提示し，賛否両論を示すべきである。学生には自分自身の答えを見つけることが求められる。要するに，教師は自分たちの仕事を2つに分けるべきである。自分の考えを著作のなかで論じることと，教育においては自分で考える方法を他人に教えること（それゆえに，ほとんど答えを押しつけないこと）である。

　教師には，ほとんど教える楽しみのないような，たとえば書くことの技術を教える義務もある。書くことを教えるのは大学の教師の重要な義務なのである。われわれのほとんどは書き方そのものよりもその中身について話したいのだろうが，書き方を教えることもわれわれの仕事の一部である。

3. 社会科学者はお互いにどのような義務を負っているのか。原稿の査読や研究奨学金の応募，終身在職権（テニュア）の審査に対して公正であることなのだろうか。礼を尽くした言説なのだろうか。考えを共有する寛容さなのだろうか。高潔な人間らしく行動することなのだろうか。

　方法や議論の多様性を保つべきであるという見方がある。つまり考えや方法が多様な場では，最善の結果が生み出されるのである。

　人を雇う際には，われわれには社会科学の境界を定め，それを越えるものを排除する権利があるし，また実際にそうする義務がある。寛容であることは，まじない師や錬金術師を雇って終身在職権を与えることまでは要求していない。しかし，同じ専門分野の人ばかりを雇うような状況を容認してはならない。学者が自分たちの方法や専門分野の複製をほかの者を撲滅するところまで反射的に増やそうとするなら，かれらの研究科や学生，学問分野に尽くすことにはならない。

　原稿を査読する際には，われわれは著者の主張に対する賛否をその原稿の出版を推薦するか否かの基準から排除しなくてはならない。査読者はたとえイライラする主張であっても，重要な議論を知的で真摯に展開している原稿

は推薦すべきである。われわれは論争を通して学ぶものである。論争は，活字にされて多様な見解を知ってもらうことを必要とする。査読者は，こうした多様性を促す判断を下すべきである。

　逆に，査読の際にお互いに便宜をはかる馴れ合いは，一種の腐敗である。原稿を査読するときには，あなたの個人的な友人や方法論またはイデオロギー上の盟友にいかなる便宜も与えてはならない。堕落した馴れ合いはわれわれの学問分野でも起こるものだが，それは正しいことではない。

　礼を尽くした言説は守らなければならない。われわれは強く主張すべきであるが，感情や偏見に訴える攻撃は最小限にすべきである。議論は論理やその事例の証拠に忠実であるべきであって，またそれによって評価されるべきである。そうでなければ，言説は，社会にとって学ぶところのほとんどない個人攻撃の応酬に成り下がってしまう。

　学者は，ほかの学者の学問における言論の自由を忠実に守るべきである。われわれにもっとも辛辣な反論者が意見を表明し，それを人びとに聞いてもらう権利を守る義務がわれわれにある。（1960年代の重要な教訓であるが）われわれがこれに失敗すると市民の言説は崩壊してしまう。

　データを収集した者や新しい考えを打ち出した者は，それらを最初に利用してしかるべきだが，学者がそれらを共有するときに学問はもっとも生産的になる。データや資料，そして考えさえも独り占めすることは，不信を招く行為である。

　高潔な人間が世の中を動かすのであり，高潔さは研究助成，雇用，そして昇進の決定の際にも評価されるべきである。1つの学問分野の成功は，その分野の指導者のなかに，少なくとも何人か公平で公共心のある人がいるかどうかにある程度かかっている。そのような人たちは，その分野の道徳的な雰囲気をつくり，紛争を解決する公平な調停役として振る舞い，若手の学者にとっての良い手本となり，その分野が実力主義で機能していると若手の学者を安心させる役割をはたす。そのような指導者がいないと，その学問分野は知的腐敗と内輪もめへと退化するに違いない。したがって，人事に関する決定を下すにあたっては，高潔さにある程度の価値を置くべきである。

第6章 職業倫理

4. 愛情や恋愛など。

　健全な一般原則として，権力に差がある者同士の恋愛はいかなるものであれ慎むことである。大学教員と大学院生は大人であり，大人の人間はお互いに連れ添うものであり，知的関心を共有する者同士でそうなることが多い。しかし，権力に差がある者同士の恋愛，すなわち2人のあいだで1人がもう1人に権力を行使する立場にある場合の恋愛は，厳格に禁じなければならない。そのような恋愛が両者にとって望ましいものであるときは，恋愛を始めるまえに，その権力関係にはっきりと完全な終止符を打つべきである。権力の強い側は，権力の弱い側にかかわる以後のすべての意思決定から公式に手を引くべきである。このことが何らかの行政上の理由で不可能ならば（そうであることが多いが），その恋愛ははなはだ遺憾なことである。弱い側からみれば，それはセクシャルハラスメントであるかもしれないし，概して両者の職業上の誠実さが汚されるだろう。

　たとえ強い側が弱い側に関する意思決定から手を引くことができたとしても，強い側から恋愛をもちかけること自体強制的なものであるため，やはり強い側から適切なかたちで交際を申し込むことはできない。弱い側は，強い側を拒絶すれば報復につながると恐れるかもしれない。したがって，恋愛感情を抱いている強い側は，弱い側がその話をもちださないかぎり，その気持ちを自分の心にしまっておかなければならない。

付　録

論文の書き方

わたしは，授業の課題論文を書いている大学の学部生には，よく以下のようなアドバイスをしている。

■一般的なフォーマット

以下のような一般的なフォーマットがしばしば適切である。つまり，論文で「あなたがこれから何を言おうとしているのかを読者にまず知らせ，つぎにその中身について書き，最後にそれまであなたが書いてきたことをまとめて読者に示す」ということである。

■序論のフォーマット

あなたの論文は，全体の中身を要約した短い序論で始めなさい。この要約を示した序論は，最大で以下の5つの質問に答えなくてはならない。

1. あなたはどのような（諸）問題にとりくむのか。
2. なぜこの問題が生じるのか。すなわち，どの文献あるいは実社会の出来事に端を発するのか。あなたの問題の所在を明らかにするために背後の事情を示し，その問題を文脈のなかに位置づけること。
3. あなたは，どのような答えを提供するつもりなのか。あなたの答えの本質

を 2～3 文で要約すること。
4. あなたはどのようにして答えに到達するつもりなのか。あなたが使用するデータの出所と方法について簡単に述べておくこと。
5. 序論のつぎに何がくるのか。論文の残りの部分について，見取り図を示すこと。たとえば，「第 1 節では，どのようにしてわたしが犯罪の道に入ったのかを説明する。第 2 節では，はじめのころの逮捕歴についてくわしく述べ，第 3 節では，死刑へといたる道筋を記述し，第 4 節では，一般的な理論的結論や政策上の示唆を述べる」などといった具合である。

　第 1（「あなたの問題は何であるか」），第 2（「なぜこの問題が生じるのか」），そして第 3（「あなたの答えは何であるのか」）の質問はきわめて重要なので，これらの質問にはきちんと答えなさい。第 4 と第 5 の質問は任意である。
　このような全体の中身を要約した序論は，読者があなたの議論を把握するのに役に立つ。また，あなたの論文の問題点を自分で診断する手助けにもなる。要約を示した序論を書くのはむずかしい場合がある。その理由は，あなたの議論や証拠に欠落した部分や矛盾があることが，要約によって明らかになるからであろう。解決策としては，もう一度考えなおしてあなたの論文を再構成することである。

■結論のフォーマット

　論文の著者は，結論では自分の主張の要点をくり返すことが多い。しかし，全体の中身を要約した序論がうまくできている場合，結論での事細かな要約は余分なものとなることが多い。その場合は，手短に要点をくり返し，結論はあなたの主張が示唆することを掘り下げるために使いなさい。あなたの分析からどのような政策上の処方が導かれるのか。どのような一般的な議論に疑問を呈し，どのような議論をより強化するものなのか。さらに，今後の研究プロジェクトとしてどのようなものを提案するのか。

■論　証

論証については，以下の4つの指示を頭に入れておくべきである。

1. あなたの主張を裏づけるために，事実，数値，歴史といった経験的証拠を使いなさい。純粋に演繹的な主張がふさわしいときもあるが，証拠に裏づけられた主張の方がつねにより説得力がある。
2. あなたの証拠が裏づける一般的な論点を明確に書き表しなさい。事実はおのずから明らかであると期待してはいけない。

    上述の第1と第2のポイントを要約すると，あなたの主張を裏づける証拠を提示し，その証拠が裏づける主張をはっきりと述べるということである。
3. 「自分自身の主張に反論してみること」。あなたの主張を展開したあとで，懐疑的な読者が提起するかもしれない疑問や反論を意識して，それらについて手短に対応しておきなさい。こうすれば，あなたが思慮深く，緻密で，提起される可能性のある反論または別の解釈も十分に考慮してきたことを読者に示すことができる。

    当然，懐疑的な人がよい指摘をすることも多い。その場合は，あなたはその指摘を認めるべきである。自分の理論や証拠が正しいと主張しすぎるのはよくない。
4. 脚注を使ってあらゆる情報源や事実に関する論述の記録を残すこと。脚注や引用のフォーマットについては，Kate L. Turabian, *A Manual for Writers of Term Papers, Theses, and Dissertations*, 6th ed., rev. John Grossman and Alice Bennett (Chicago: University of Chicago Press, 1996)〔原著第4版の邦訳として，高橋作太郎訳『英語論文の書き方』研究社出版，1980年〕のペーパーバック版を参照し，それに従いなさい。これは1冊もっておくとよい本である。

■執　筆

優れた文章を書くことは，明晰な思考や効果的なコミュニケーションをするために不可欠である。以下の点に留意すること。

1. あなたの論文は，1つの論点もしくはいくつかの関連した論点を主張するものとし，シンプルな構成にすべきである。よけいな論点でごちゃごちゃさせるのは避けること。あなたの論文を見直したときに，枝葉末節にとらわれた議論を展開していたことが明らかになったら，論文からその議論をはずすこと。（「その考えに何時間も費やした」のだから）これはつらいことであるが，よけいな議論は，あなたの本論の主張を弱めてしまう。
2. あなたの論文は，番号をふった節と小節に分割すること。節は少ないよりも多い方がよい。それらの節は読者があなたの議論の構造を理解するのに役立つ。

　各節の主な主張がはっきりと伝わるような見出しをつけて，それぞれの節を分けるとよい。
3. 節や小節の構成として以下のものを薦める。
    a. あなたの主張。
    b. その裏づけとなる証拠。
    c. あなたの主張への反論やただし書き，その制約条件。
4. それぞれの節は，その節に提示されている議論を要約するいくつかの文で始めること。

　要約は，全体の中身を要約した序論と内容が重複している場合，最終稿からは削除されることになるかもしれないが，初稿ではそれらが違和感なく収まるかどうかを確認するために残しておくべきである。この要約を書く作業は，それぞれの節で何を書いて何を書かないかを決めたり，あなたの議論の矛盾点や欠点を直視するためのよい方法でもある。

　要約は，その節を書き終えたあとにもっともうまく書けることが多いのだが，とにかく要約をどこかの時点で付け加えておくことを忘れてはならない。

5. それぞれのパラグラフ（段落）は，そのパラグラフの要点を抽出したトピックセンテンスで始めること[1]。それより後の文は，トピックセンテンスのポイントを説明するか詳述するための補強材料を提供するべきである。さらにその後には，ただし書きもしくは反論への論駁(ろんばく)が続くべきである。つまり，パラグラフは節全体と同じような構成にすることである。

　読者が，すべてのパラグラフの最初のいくつかの文を読むだけで，あなたの主張の要旨をつかめるようにしなければならない。

6. 短い平叙文で書くこと。受動態は避けること（受動態では「富農層が殺された」となるが，いったいだれが殺したのか。能動態では「スターリンが富農層を殺した」となる）。

7. アウトラインから書き始めること。アウトラインは論文を筋の通ったものにし，文章を格段に読みやすくする重要な助けになる。

8. 大学の学部生の読者，すなわちあなたのテーマに関する予備知識をあまりもっていない賢明な読者が理解できるレベルで書くこと。実際のところ，授業で課題になっている論文は，あなたのテーマについてある程度知っているはずの教師が読むわけだが，そのテーマについて知識のない読者にあなたがどのようにして自分の議論を展開するのかを教師は見たいのである。

　執筆に関してさらにアドバイスが欲しい場合は，William Strunk Jr. and E. B. White, *The Elements of Style,* 3d ed.（New York: Macmillan, 1979）および Teresa Pelton Johnson, "Writing for *International Security*: A Contributor's Guide," *International Security* 16 (Fall 1991): 171-80 を参照すること[2]。

　あなたが研究論文(リサーチ・ペーパー)を書いているのなら，Kate L. Turabian, *A Student's Guide to Writing College Papers,* 3d ed.（Chicago: University of Chicago

---

1　トピックセンテンスは，パラグラフのなかの第2番目の文にもっていくこともできるが，それよりも後ろにもっていくべきではない。

2　執筆に関するそのほかの有用な手引書には，Claire Kehrwald Cook, *Line by Line: How to Edit Your Own Writing* (Boston: Houghton Mifflin, 1985); Frederick Crews, *The Random House Handbook,* 4th ed. (New York: Random House, 1984); Thomas S. Kane, *The New Oxford Guide to Writing* (New York: Oxford University Press, 1988) がある。

Press, 1976) もみるとよいだろう[3]。

■ほかの人に読んでもらうこと

論文を提出するまえに，1人か2人の友人にあなたの論文を見てもらうこと。そして，友人が論文を書いているときには，親切にしてもらったお返しに見てあげること。三人寄れば文殊の知恵である。コメントをしたり，してもらったりするのは重要な技能なのである。

■仕上げにあたっての一般的な助言

ミスのない整った論文を提出するように気をつけること。誤字脱字がないようにしなさい。いいかげんに見える論文はいいかげんな気持ちの表れである。

■論文の書き方についてもっと知るためには

あなたやほかの人が高く評価する論文をくり返し読んで，より優れたところを真似すること。

---

[3] そのほかの手引書としては，Roberta H. Markman, Peter T. Markman, and Marie L. Waddell, *10 Steps in Writing the Research Paper,* 5th ed. (New York: Barron's, 1989); Michael Meyer, *The Little, Brown Guide to Writing Research Papers* (Boston: Little, Brown, 1982); Audrey Roth, *The Research Paper: Process, Form, and Content,* 7th ed. (Belmont, Calif.: Wadsworth, 1995); Ellen Strenski and Madge Manfred, *The Research Paper Workbook,* 3d ed. (New York: Longman, 1992); Harry Teitelbaum, *How to Write a Thesis: A Guide to the Research Paper,* 3d ed. (New York: Macmillan, 1994) および Stephen Weidenborner and Domenick Caruso, *Writing Research Papers: A Guide to the Process,* 5th ed. (New York: St. Martin's Press, 1997) がある。

訳者あとがき

　本書は，Stephen Van Evera, *Guide to Methods for Students of Political Science*（Ithaca: Cornell University Press, 1997）の全訳である。
　著者のスティーヴン・ヴァン・エヴェラ氏は，カリフォルニア大学バークレー校で政治学博士号（Ph. D.）を取得し，現在はマサチューセッツ工科大学（MIT）政治学部の教授職にある。ヴァン・エヴェラ氏は，国際安全保障研究とくに戦争原因の理論的研究の第一人者として世界的に知られている。とくにかれはナショナリズムと戦争，攻撃・防御バランスなどについて，先駆的な研究成果を残しており，主著『戦争の原因（*Causes of War*）』は関連する学術論文でもっとも頻繁に引用される文献のひとつでもある。
　『政治学のリサーチ・メソッド』は，ヴァン・エヴェラ氏が大学院における政治学の方法論の授業用にまとめた配布資料をもとに執筆した，コンパクトな政治学の方法論の解説書である。本書には政治学の理論の構築から検証の方法，さらには学術論文の執筆方法まで，政治学を学ぶ者にとって役に立つ方法論のイロハがぎっしり詰まっている。くわえて，かれの解説はきわめて実用的であり，簡潔でもある。そのため，本書の分量自体は類書に比べると多くない。しかし，その内容は緻密な論理にもとづいて執筆されているうえ，多くの専門用語が使われているため，必ずしも簡単に理解できるものばかりではない。このような原著の性格上，翻訳にあたっては何度もむずかしい判断や選択を迫られることがあった。読者の皆様には，原著の内容をより正確に理解していただくためにも，本書を読まれる際，以下のことを心にとどめていただければ幸いである。
　原著で使われている専門用語については，訳者の判断にしたがって初学者にわかりやすいように，あえて専門用語の定訳を避けて，より平易な言葉をあてた部分があることをお断りしておきたい。たとえば，原著で多く使われていた統計学の専門用語を訳出する際，文脈に応じて，読者にとってわかりやすいよ

うな用語や表現に置き換えた部分がある。

　ただし，原著の意味を正確に翻訳することと適切な日本語に訳出することのあいだにトレード・オフが存在するような場合，本書が政治学の方法論という理論研究の土台を解説する教科書であること，すなわち論理の厳密性が求められる学術書であることを重視し，原著の意味を正確に直訳することを優先した。われわれを最後まで悩まし続けたことは，より内容に即した訳出をすればするほど，日本語としての読みやすさが損なわれる一方，日本語として自然な文章にしようとすると，原著の意味するものから離れてしまうというジレンマであった。このジレンマをどうしても克服できなかった場合は，日本語としての読みやすさをある程度犠牲にしても，原著の文章を日本語にそのまま置き換えることにした。したがって，日本語としてやや違和感がある文章や表現，言い回しについては，このような判断によることを理解していただきたい。

　たとえば，ヴァン・エヴェラ氏は独立変数と従属変数の因果関係を説明する際，頻繁に具体例をあげている。その際，どの例示においても，"X causes Y" という言い回しを一貫して使っている。こうした著者の意図と原語のニュアンスを正確に読者に伝えるために，われわれも一貫して 'cause' を「引き起こす」と訳すことにした。そのため，日本語の文脈からは「引き起こす」ではなく，別の言葉をあてるべきところでも，あえて「引き起こす」を使った。その結果，日本語として不自然な言い回しになってしまった部分もある。

　翻訳にあたっては，野口が「はじめに・第 1 章・第 2 章」の下訳を行い，渡辺が同じく「はじめに・第 1 章・第 3 章・第 4 章・第 5 章・第 6 章・付録」の下訳を担当した。このような役割分担を行ったものの，最終的なすべての訳文は野口と渡辺の共同作業によるものである。訳出の開始から下訳の検討を経て最終訳の確定までに 2 年以上の時間をかけて，完成したのが本訳書である。

　最終的な訳文を完成させるまでには，多くの方々に助けていただいた。今田麻利亜氏，瀬川博司氏（防衛省），和田龍太氏（筑波大学大学院生）には，草稿に目を通していただき，貴重なコメントを頂いた。日本語の訳語が定着していない軍事用語の訳出にあたっては，川村康之氏（防衛大学校）にご教示を頂いた。そのほか，専門用語の訳出には宮下明聡氏（東京国際大学）ならびに荒木圭子氏（東海大学）の協力を，日本語や英語の微妙なニュアンスについてはカ

ーター・ジェフリー氏（東海大学）の助言を得た。勁草書房の編集担当者である上原正信氏は，全草稿を読んで有益な指摘やコメントをしてくださり，われわれにとって3人目の共訳者ともいえる存在であった。心より感謝申し上げる次第である。また，われわれは原著の中国語訳『政治学研究方法指南』（北京大学出版社，2005年）も参考にしたうえで，わかりやすい訳を心がけた。

　われわれは原著の内容を正確に読者に伝えられるよう，何度も原文と訳文を照らし合わせてチェックを重ねたが，もっぱら訳者の力量不足のため，誤訳などが残っているかもしれない。読者の皆様のご叱正を賜りたく，お願い申し上げる次第である。最後に，本訳書を刊行するにあたっては，東海大学から学部等研究補助金の助成を受けた。東海大学の関係者にお礼を申し上げたい。

　本書は政治学とくに国際関係論（国際政治学）を専攻する大学院生向けの方法論のテキストであるが，その内容は政治学や国際関係論のみならず，社会科学の諸学問を学ぶ大学の学部生にも役立つものであり，じっくり時間をかけて読めば理解できるものである。本書が，日本の大学院や学部における政治学や国際関係論など社会科学の方法論教育や，日本の学界における政治学の方法論の発展に少しでも役立つことがあれば，訳者として大変光栄である。

2008年12月

野口　和彦
渡辺　紫乃

◆訳者による文献ガイド◆

※ 以下では日本の読者向けに，本書の内容に関連があって有用な文献を訳者が選び，解説を付して紹介する。

高根正昭『創造の方法学』講談社現代新書，1979年。
▶ 社会科学の基礎的方法論を平易に概説するコンパクトな良書。同書を読めば，社会科学の研究を進めるうえで，なぜ仮説の構築や経験的証拠による検証などが必要不可欠なのか理解できるはずである。

谷岡一郎『社会調査のウソ──リサーチ・リテラシーのすすめ』文春新書，2000年。
▶ 社会調査の内容，方法論やバイアス，収集されたデータの質といった点から，通常うのみにされがちな社会調査を批判的に検討することの必要性について，具体例をあげながらわかりやすく解説している。手軽に読めて，何をどうやって知るのかという調査のイロハについても考えさせられる良書である。

清水和巳・河野勝編著『入門 政治経済学方法論』東洋経済新報社，2008年。
▶ 政治経済学でよく使われる統計やシミュレーション，事例研究といった基本的な方法について要領よく説明されている入門書。質や量といった方法論の基礎的な概念から具体的な研究の方法までを一通り理解するのに役に立つ。

Gary King, Robert O. Keohane, and Sidney Verba, *Designing Social Inquiry: Scientific Inference in Qualitative Research* (Princeton, N.J.: Princeton University Press, 1994). 真渕勝監訳『社会科学のリサーチ・デザイン──定性的研究における科学的推論』勁草書房，2004年。
▶ 定量的方法と定性的方法における推論のロジックは基本的に同じものであるとの前提に立ち，定性的方法について，難解な概念をできるかぎり避けながらわかりやすく解説している。本書は，とくに（因果理論の構築を含め）因果的推論を行う際の手続きや注意点などを理解するのに有用である。

Henry E. Brady and David Collier, eds., *Rethinking Social Inquiry: Di-*

verse Tools, Shared Standards* (Lanham, MD: Rowman and Littlefield, 2004). 泉川泰博・宮下明聡訳『社会科学の方法論争――多様な分析道具と共通の基準』勁草書房，2008年。
- ▶政治学界で多大な影響力をもつ『社会科学のリサーチ・デザイン』を批判的に再検討した論文集であり，定性的方法を違った角度から評価している。巻末の用語解説はたいへん有用である。

Diana Hacker, *A Pocket Style Manual*, 5th ed. (Bedford: St. Martin's Press, 2008).
- ▶英語で論文を書く場合には，引用の仕方，脚注や参考文献のつくり方など従わなければならない一定のルールや書式が定められている。これらについて，多くの具体例を示しながらわかりやすく解説している実用的なハンドブック。また，明快な英語の文の書き方，英文法でまちがいやすいものや英語を母国語としない者が犯しやすい誤りなども説明しており，英語を母国語にしていない者にとっても大変役に立つ本である。

W. Lawrence Neuman, *Social Research Methods: Qualitative and Quantitative Approaches*, 6th ed. (Boston: Allyn and Bacon, 2006).
- ▶社会科学の定性的方法と定量的方法をバランスよく解説しているのみならず，方法論の基礎的な考えから論文の書き方まで包括的に扱う，修士課程レベルの学習に適した教科書。復習のための問題が章末にあるので，自分の理解度を確認しながら学習を進めることができる。

Alexander L. George and Andrew Bennett, *Case Studies and Theory Development in Social Sciences* (Cambridge, Mass.: MIT Press, 2005).
- ▶事例研究を用いた研究方法を総合的に解説する好著。同書は，事例研究を政策立案に役立てる理論構築の方法の説明に力点を置くとともに，同一事例内分析や過程追跡などにくわしい解説を施している。

Philip E. Tetlock and Aaron Belkin, eds., *Counterfactual Thought Experiments in World Politics: Logical, Methodological, and Psychological Perspectives* (Princeton, N. J.: Princeton University Press, 1996).
- ▶原因や必要条件などを検証する方法としてよく使われる反実仮想（歴史のイフ）について，それを使用する際の具体的な基準を明示するとともに，豊富な事例研究で具体例を示している。

Janet M. Box-Steffensmeier, Henry E. Brady, and David Collier, eds., *The Oxford Handbook of Political Methodology* (Oxford: Oxford University Press, 2008).
- ▶政治学で使用されるあらゆる方法（論）について，第一線で活躍する学者たちが論じる便利で有用なハンドブック。同書は，近年の政治学において興隆が目覚ましい「因果思考」をめぐる諸問題に正面からとりくんでいる。

Robert L. Peters, *Getting What You Came For: the Smart Student's Guide to Earning a Master's or a Ph.D.*, rev. ed (New York: Noonday Press, 1997). 木村玉己訳『アメリカ大学院留学――学位取得への必携ガイダンス』アルク，1996年。
- ▶アメリカの大学院に留学するための全般的なガイドブックではあるが，博士論文のトピック選び，プロポーザルの作成，論文の執筆，論文の最終口頭試問，プレゼンテーションといった，博士課程において大変重要なステップについて率直で実用的なアドバイスを提供している。

David Sternberg, *How to Complete and Survive a Doctoral Dissertation* (New York: St. Martin's Press, 1981).
- ▶アメリカの大学院博士課程でコースワークを終えて博士論文提出資格を得た博士候補の学生に対して，博士号を取得するまでのさまざまなハードルをどのようにして乗り越えればよいかを具体的に教示する手引書。日本の大学院生にとっても役に立つアドバイスが多いはずである。

※第3刷に際しての追記
ここで紹介した *Rethinking Social Inquiry: Diverse Tools, Shared Standards* は，原書・訳書ともに第2版が刊行されている。また，*Case Studies and Theory Development in Social Sciences* の訳書が，泉川泰博訳『社会科学のケース・スタディ――理論形成のための定性的手法』（勁草書房，2013年）として刊行された。ならびに，*A Pocket Style Manual* の7th ed. が2014年に，*Social Research Methods: Qualitative and Quantitative Approaches* の7th ed. が2011年に刊行されている。

参考文献

事例研究の方法について

Achen, Christopher H., and Duncan Snidal. "Rational Deterrence Theory and Comparative Case Studies." *World Politics* 41 (January 1989): 143-69.

Campbell, Donald T. "'Degrees of Freedom' and the Case Study." In Campbell, *Methodology and Epistemology for Social Science: Selected Papers*, pp. 377-88. Chicago: University of Chicago Press, 1988, first pub. 1974.

Collier, David. "The Comparative Method." In Ada W. Finifter, ed., *Political Science: The State of the Discipline*, 2d ed., pp. 105-20. Washington, D.C.: American Political Science Association, 1993.

Collier, David, and James Mahoney. "Insights and Pitfalls: Selection Bias in Qualitative Research." *World Politics* 49 (October 1996): 56-91.

Eckstein, Harry. "Case Study and Theory in Political Science." In Fred I. Greenstein and Nelson W. Polsby, eds., *Handbook of Political Science*, vol. 7, *Strategies of Inquiry*, pp. 79-137. Reading, Mass.: Addison-Wesley, 1975.

Geddes, Barbara. "How the Cases You Choose Affect the Answers You Get: Selection Bias in Comparative Cases." *Political Analysis* 2 (1990): 131-50.

George, Alexander L. "Case Studies and Theory Development: The Method of Structured, Focused Comparison." In Paul Gordon Lauren, ed., *Diplomacy: New Approaches in History, Theory, and Policy*, pp. 43-68. New York: Free Press, 1979.

———. "Case Studies and Theory Development." Paper presented to the Second Annual Symposium on Information Processing in Organizations, Carnegie-Mellon University, Pittsburgh, Pa., October 15-16, 1982.

———. "The Causal Nexus between Cognitive Beliefs and Decision-Making Behavior: The 'Operational Code' Belief System." In Lawrence S. Falkowski, ed., *Psychological Models in International Politics*, pp. 95-124. Boulder, Colo.: Westview, 1979.

George, Alexander L., and Timothy J. McKeown. "Case Studies and Theories of Organizational Decision Making." In *Advances in Information Processing in Organizations*, 2: 21-58. Greenwich, Conn.: JAI Press, 1985.

Hamel, Jacques, with Stéphane Dufour and Dominic Fortin. *Case Study Methods*, pp. 18-28. Newbury Park, Calif.: Sage, 1993.

King, Gary, Robert O. Keohane, and Sidney Verba. *Designing Social Inquiry: Scientific Inference in Qualitative Research*. Princeton: Princeton University Press, 1994. 真渕勝監訳『社会科学のリサーチ・デザイン——定性的研究における科学的推論』勁草

書房,2004 年)。
Lieberson, Stanley. "Small *N*'s and Big Conclusions: An Examination of the Reasoning in Comparative Studies Based on a Small Number of Cases." *Social Forces* 70 (December 1991): 307-20.
Lijphart, Arend. "The Comparable-Cases Strategy in Comparative Research." *Comparative Political Studies* 8 (July 1975): 158-77.
——. "Comparative Politics and the Comparative Method." *American Political Science Review* 65 (September 1971): 682-93.
Mill, John Stuart. "Of the Four Methods of Experimental Inquiry." Chapter 8 in *A System of Logic*, ed. J. M. Robson, pp. 388-406. Toronto: University of Toronto Press, 1973. 「証明の原理と科学研究の方法とについて一貫した見解を述べる」大関将一・小林篤郎訳『論理学体系——論証と帰納 III』春秋社, 1958 年, 185-220 頁。
Platt, Jennifer. " 'Case Study' in American Methodological Thought." *Current Sociology* 40 (Spring 1992): 42-43.
Przeworski, Adam. "Methods of Cross-National Research, 1970-83: An Overview." In Meinolf Dierkes, Hans N. Weiler, and Ariane Berthoin Antal, eds., *Comparative Policy Research: Learning from Experience*, pp. 31-49. Aldershot, England: Gower, 1987.
Przeworski, Adam, and Henry Teune. *The Logic of Comparative Social Inquiry*. Malabar, Fla.: Krieger, 1982.
Ragin, Charles C. *The Comparative Method: Moving Beyond Qualitative and Quantitative Strategies*. Berkeley: University of California Press, 1987. 鹿又伸夫監訳『社会科学における比較研究——質的分析と計量的分析の統合にむけて』ミネルヴァ書房, 1993 年。
Ragin, Charles C., and Howard S. Becker, eds. *What Is a Case? Exploring the Foundations of Social Inquiry*. Cambridge: Cambridge University Press, 1992.
Rogowski, Ronald. "The Role of Scientific Theory and Anomaly in Social-Scientific Inference." *American Political Science Review* 89 (June 1995): 467-70.
Skocpol, Theda. "Emerging Agendas and Recurrent Strategies in Historical Sociology." In Theda Skocpol, ed., *Vision and Method in Historical Sociology*, pp. 356-91. Cambridge: Cambridge University Press, 1984. 小田中直樹訳『歴史社会学の構想と戦略』木鐸社, 1995 年。
Skocpol, Theda, and Margaret Somers. "The Uses of Comparative History in Macrosocial Inquiry." *Comparative Studies in Society and History* 22 (April 1980): 174-97.
Smelser, Neil J. "The Methodology of Comparative Analysis." In Donald P. Warwick and Samuel Osherson, eds., *Comparative Research Methods*, pp. 42-86. Englewood Cliffs, N. J.: Prentice-Hall, 1973.
Stake, Robert E. "Case Studies." In Norman K. Denzin and Yvonna S. Lincoln, eds.,

Handbook of Qualitative Research, pp. 236-47. Thousand Oaks, Calif.: Sage, 1994. 「事例研究」平山満義監訳, 岡野一郎・古賀正義編訳『質的研究のパラダイムと眺望（第2巻）』北大路書房, 2006年, 101-120頁。

Stoeker, Randy. "Evaluating and Rethinking the Case Study." *Sociological Review* 39 (February 1991): 88-112.

Yin, Robert K. *Case Study Research: Design and Methods*. 2d ed. Thousand Oaks, Calif.: Sage, 1994. 近藤公彦訳『ケース・スタディの方法[第2版]』千倉書房, 1996年。

博士論文の執筆について

Becker, Howard S. With a chapter by Pamela Richards. *Writing for Social Scientists: How to Start and Finish Your Thesis, Book, or Article*. Chicago: University of Chicago Press, 1986. 佐野敏行訳『論文の技法』講談社, 1996年。

Booth, Wayne C., Gregory G. Colomb, and Joseph M. Williams. *The Craft of Research*. Chicago: University of Chicago Press, 1995.

Hall, Peter A. "Helpful Hints for Writing Dissertations in Comparative Politics." *PS: Political Science and Politics* (December 1990): 596-98.

Krathwohl, David R. *How to Prepare a Research Proposal: Guidelines for Funding and Dissertations in the Social and Behavioral Sciences*. 3d ed. Syracuse: Syracuse University Press, 1988.

Madsen, David. *Successful Dissertations and Theses: A Guide to Graduate Student Research from Proposal to Completion*. 2d ed. San Francisco: Jossey-Bass, 1992.

Mauch, James E., and Jack W. Birch. *Guide to the Successful Thesis and Dissertation: Conception to Publication: A Handbook for Students and Faculty*. 3d ed. New York: M. Dekker, 1993.

Meloy, Judith M. *Writing the Qualitative Dissertation: Understanding by Doing*. Hillsdale, N.J.: Lawrence Erlbaum, 1994.

Miller, Joan I., and Bruce J. Taylor, *The Thesis Writer's Handbook: A Complete One-Source Guide for Writers of Research Papers*. West Linn, Oregon: Alcove, 1987.

Rudestam, Kjell, Erik Newton, and Rae R. Newton. *Surviving Your Dissertation: A Comprehensive Guide to Content and Process*. Newbury Park, Calif.: Sage, 1992.

Sternberg, David. *How to Complete and Survive a Doctoral Dissertation*. New York: St. Martin's Griffin, 1981.

Watson, George. *Writing a Thesis: A Guide to Long Essays and Dissertations*. New York: Longman, 1987.

学問的な成功について

Cryer, Pat. *The Research Student's Guide to Success*. Philadelphia: Open University Press, 1996.

DeNeef, A. Leigh, and Craufurd D. Goodwin, eds. *The Academic's Handbook*, 2d ed. Durham: Duke University Press, 1995.

Phillips, Estelle M., and D. S. Pugh. *How to Get a Ph.D.: Managing the Peaks and Troughs of Research*. Philadelphia: Open University Press, 1987.

Rossman, Mark H. *Negotiating Graduate School: A Guide for Graduate Students*. Thousand Oaks, Calif. : Sage, 1995.

執筆について

Baker, Sheridan. *The Practical Stylist*. 5th ed. New York: HarperCollins, 1981.

Cook, Claire Kehrwald. *Line by Line: How to Edit Your own Writing*. Boston: Houghton Mifflin, 1985.

Crews, Frederick. *The Random House Handbook*. 4th ed. New York: Random House, 1984.

Gowers, Ernest. *The Complete Plain Words*. 3d ed., rev. Sidney Greenbaum and Janet Whitcut. London: Her Majesty's Stationery Office, 1986.

Hacker, Diana. *Rules for Writers: A Brief Handbook*. 3d ed. Boston: St. Martin's, 1996.

Johnson, Teresa Pelton. "Writing for *International Security*: A Contributor's Guide." *International Security* 16 (Fall 1991): 171-80.

Kane, Thomas S. *The New Oxford Guide to Writing*. New York: Oxford University Press, 1988.

McCrimmon, James M., with Susan Miller and Webb Salmon. *Writing with a Purpose*. 9th ed. Boston: Houghton Mifflin, 1988.

Perrin, Porter G. *Writer's Guide and Index to English*. 5th ed. Glenview, Ill. : Scott, Foresman, 1972.

Strunk, William, Jr., and E. B. White. *The Elements of Style*. 3d ed. New York: Macmillan, 1979.

Williams, Joseph M. *Style: Toward Clarity and Grace*. 3d ed. Chicago: University of Chicago Press, 1990.

Winkler, Anthony C., and Jo Ray McCuen. *Writing the Research Paper: A Handbook with Both the MLA and APA Documentation Styles*. 4th ed. Fort Worth, Tex. : Harcourt Brace, 1994.

書式について

American Psychological Association. *Publication Manual of the American Psychological Association*. 4th ed. Washington, D. C. : APA, 1994. 江藤裕之・前田樹海・田中健彦訳『APA論文作成マニュアル』医学書院、2004年。

The Chicago Manual of Style. 14th ed. Chicago: University of Chicago Press, 1993.

Gibaldi, Joseph. *MLA Handbook for Writers of Research Papers*. 4th ed. New York:

Modern Language Association, 1995. 原田敬一監修, 樋口昌幸訳編『MLA英語論文の手引 [第6版]』北星堂書店, 2005年。

Slade, Carole, William Giles Campbell, and Stephen Vaughan Ballou. *Form and Style: Research Papers, Reports, Theses*. 9th ed. Boston: Houghton Mifflin, 1994.

Turabian, Kate L. *A Manual for Writers of Term Papers, Theses, and Dissertations*. 6 th ed., rev. John Grossman and Alice Bennett. Chicago: University of Chicago Press, 1996. 高橋作太郎訳『英語論文の書き方』研究社出版, 1980年。

出版について

Luey, Beth. *Handbook for Academic Authors*. 3d ed. New York: Cambridge University Press, 1995.

事項索引

ア 行──

アローダイヤグラム　　11-14
一致法　　23, 60, 71, 86, 87
一般相対性理論　　62n, 69
一般法則　　41-44, 76
演繹的－法則的説明　　27n

カ 行──

仮説　　8
　　検証──　　11
　　主要──　　11
　　説明──　　11
擬似実験の研究デザイン　　28
脅威均衡理論　　17n
恐竜の絶滅　　42, 43, 66n
具体的な説明　　14-16, 41-44
軍事参与率理論　　17n
公共財の理論　　17n
攻撃・防御理論　　17, 81
高潔な人
　　──であることの大切さ　　113
　　──の価値　　122

サ 行──

差異法　　23, 24n, 59, 60, 71, 73, 79, 86, 87
重力理論（ニュートン）　　69n
職業倫理　　119-23
　　同じ専門分野の人ばかりを雇う状況と──　　121
　　教育と──　　120, 121
　　研究と社会との関連性と──　　120
　　原稿の査読と──　　121, 122
　　礼をつくした言説と──　　122
　　恋愛と──　　123
事例
　　逸脱──　　22n
　　最不適合事例　　35n

　　──選択の基準　　79-90
　　特異──　　22, 22n, 72
事例研究　　51-90
　　従属変数をもとにした事例選択による──　　47, 48
　　──からの先行条件の推論　　73, 74
　　──における一致手続き法　　60-66, 71, 72, 74, 75, 76
　　──における過程追跡　　66-70, 72, 74, 76
　　──における事例の説明　　76, 77
　　──における制御された比較　　59, 60, 71, 73, 74, 75
　　──に対する批判　　53-56
　　──の選択　　79-90
　　──を使った先行条件の検証　　75, 76
　　──を使った理論の検証　　58-70
　　──を使った理論の構築　　70-73
　　発見的──　　70n
説明　　9
説明される現象　　16
説明するもの　　16
説明能力の要素　　16

タ 行──

だいたいの予測　　37n
多数事例分析　　1, 3, 29, 30, 52, 53, 56, 65
デルファイ法　　26n, 73, 74

ナ 行──

二項間の戦いと三項間の戦い　　39n, 84n

ハ 行──

博士論文　　91-116
　　──の型　　91-97
　　　　→政策評価型　　93, 94
　　　　→先行研究評価型　　92, 93
　　　　→予測型　　95, 96
　　　　→理論検証型　　92

→理論提唱型　91
　　→歴史説明型　94
　　→歴史評価型　94, 95
　──の執筆　99-116
　　→研究計画書　101, 117, 118
　　→執筆と離婚届　116
　　→自分自身への反論　108
　　→全体を要約した序章　102-6
　　→発見の論理とプレゼンテーションの論理　110
　　→プレゼンテーション　110
反実仮想分析
　理論検証のための──　49, 50
　理論構築のための──　25, 26
反証主義　44
フィッシャー学派（ドイツ）　33
米西戦争（1898年）　34
変数　10
　欠落──の制御　54, 55
　研究──　11
　従属──　10
　条件──　11
　独立──　10
　媒介──　10
法則　8
　因果──と非因果──　8
　決定的──と蓋然的──　8

マ　行──

ミシシッピ州の黒人政治　24n, 26n, 27n
民主的平和理論　30

ラ　行──

理論　7-14
　強力すぎる──検証　35
　組織化力と──　17n
　よい──の要素　16-21
　　→簡潔性　18
　　→政策的処方の豊かさ　20, 21
　　→反証可能性　20
　──検証のアドバイス　35-41
　──検証の一般的な方法　27-30
　　→観察　27-30, 52
　　→実験　27, 28, 52
　──の外的妥当性と内的妥当性　55
　──の仮定　40, 41
　──の観察可能な示唆　9n
　──の強力な検証と弱い検証　30-35, 77, 78
　──の結合の豊かさ　17n
　──の検証から得られる示唆　9n, 28n
　──の構築　21-27
　──の実現条件　10
　──の修正　39
　──の触媒条件　10
　──の先行条件　9, 10
　──の前提条件　10
　──の相互作用点　10
　──の予測　9n, 28n, 36, 37
　　→確実な予測と独自の予測　31-35
　　→同語反復の予測　36
歴史学者の文化　3, 77, 95

人名索引

ア 行──

アインシュタイン（Albert Einstein）　62n, 69
ウォルツ（Kenneth N. Waltz）　7n, 11n, 67, 67n, 68
ウォルト（Stephen Walt）　3
オデル（John Odell）　3

カ 行──

ポパー（Karl Popper）　44

サ 行──

ジョンソン（Teresa Pelton Johnson）　111
ストランク（William Strunk Jr.）　111
セーガン（Scott Sagan）　3

タ 行──

トゥラビアン（Kate L.Turabian）　112

ナ 行──

ニュートン（Issac Newton）　69n

ハ 行──

フィアロン（James Fearon）　49
ベネット（Andy Bennett）　3
ホフ（Ted Hopf）　3

マ 行──

ミアシャイマー（John Mearsheimer）　3
ミル（John Stuart Mill）　23, 59, 71, 73, 79
モーゲンソー（Hans Morgenthau）　99

ラ 行──

ラカトシュ（Imre Lakatos）　39n, 45
リバーマン（Peter Liberman）　3

政治学のリサーチ・メソッド

2009年7月15日　第1版第1刷発行
2022年9月20日　第1版第4刷発行

著　者　スティーヴン・ヴァン・エヴェラ

訳　者　野口　和彦
　　　　渡辺　紫乃

発行者　井村　寿人

発行所　株式会社　勁草書房

112-0005 東京都文京区水道 2-1-1　振替 00150-2-175253
（編集）電話 03-3815-5277／FAX 03-3814-6968
（営業）電話 03-3814-6861／FAX 03-3814-6854
大日本法令印刷・中永製本

© NOGUCHI Kazuhiko, WATANABE Shino　2009

ISBN978-4-326-30180-5　　Printed in Japan

EYE LOVE EYE

JCOPY 〈出版者著作権管理機構　委託出版物〉
本書の無断複製は著作権法上での例外を除き禁じられています。
複製される場合は、そのつど事前に、出版者著作権管理機構
（電話 03-5244-5088、FAX 03-5244-5089、e-mail: info@jcopy.or.jp）
の許諾を得てください。

＊落丁本・乱丁本はお取替いたします。
　ご感想・お問い合わせは小社ホームページから
　お願いいたします。

https://www.keisoshobo.co.jp

G. キング＝R. O. コヘイン＝S. ヴァーバ著，真渕勝監訳
社会科学のリサーチ・デザイン——定性的研究における科学的推論
> どのように研究をすすめればよいのか？ アメリカの政治学会で定性的手法復興のきっかけとなった，実践的方法論の教科書。　　4180円

H. ブレイディ＝D. コリアー編，泉川泰博・宮下明聡訳
社会科学の方法論争——多様な分析道具と共通の基準［第2版］
> *Rethinking Social Inquiry* の全訳。どの研究手法をどう使えばいいのか？ KKV論争がこれで理解できる。便利な用語解説つき。　　5170円

河野勝・真渕勝監修
ポリティカル・サイエンス・クラシックス（第1期）

M. ラムザイヤー＝F. ローゼンブルース著，河野勝監訳
日本政治と合理的選択——寡頭政治の制度的ダイナミクス 1868-1932
> 現代政治学と歴史学の交差。戦前日本政治の変動を，政治家の個性やイデオロギー対立ではなく合理的選択論から解明する。　　3960円

アレンド・レイプハルト著，粕谷祐子・菊池啓一訳
民主主義対民主主義——多数決型とコンセンサス型の36カ国比較研究
［第2版］
> 「ベストな」民主主義を探る比較政治学の古典。イギリス型デモクラシーを理想視する印象論に実証データで異議を唱える。　　4180円

ケネス・ウォルツ著，河野勝・岡垣知子訳
国際政治の理論
> 国際関係論におけるネオリアリズムの金字塔。政治家や国家体制ではなく無政府状態とパワー分布から戦争原因を明らかにする。　　4180円

トーマス・シェリング著，河野勝監訳
紛争の戦略——ゲーム理論のエッセンス
> ゲーム理論を学ぶうえでの必読文献。身近な問題から核戦略まで，戦略的意思決定に関するさまざまな問題を解き明かす。　　4180円

勁草書房刊

＊刊行状況と表示価格は2022年9月現在，消費税込み。